Measly Middle Ages
Text ⓒ Terry Deary, 1996
Illustrations ⓒ Martin Brown, 2007
All rights reserved.
Korean translation copyright ⓒ 2010 by Gimm-Young Publishers, Inc.
Korean translation rights arranged with Scholastic Ltd through EYA
(Eric Yang Agency)

이 책의 한국어판 저작권은 에릭양 에이전시를 통해 Scholastic Ltd와 독점 계약한
(주)김영사에 있습니다. 저작권법에 의하여 한국 내에서 보호를 받는 저작물이므로
무단 전재와 복제를 금합니다.

어두컴컴 중세 시대

앗, 이렇게 재미있는 사회·역사가!

테리 디어리 글 | 마틴 브라운 그림 | 오숙은 옮김

주니어김영사

어두컴컴 중세 시대

1판 1쇄 인쇄 | 2010. 9. 9.
개정 1판 1쇄 발행 | 2019. 12. 5.
개정 1판 4쇄 발행 | 2024. 11. 27.

테리 디어리 글 | 마틴 브라운 그림 | 오숙은 옮김

발행처 김영사 | 발행인 박강휘
등록번호 제 406-2003-036호 | 등록일자 1979. 5. 17.
주소 경기도 파주시 문발로 197(우-10881)
전화 마케팅부 031-955-3100 | 편집부 031-955-3113~20 | 팩스 031-955-3111

값은 표지에 있습니다.
ISBN 978-89-349-9858-7 74080
ISBN 978-89-349-9797-9 (세트)

좋은 독자가 좋은 책을 만듭니다. 김영사는 독자 여러분의 의견에 항상 귀 기울이고 있습니다.
전자우편 book@gimmyoung.com | 홈페이지 www.gimmyoung.com

이 도서의 국립중앙도서관 출판시도서목록(CIP)은 서지정보유통지원시스템
홈페이지(http://seoji.nl.go.kr)와 국가자료공동목록시스템(http://www.nl.go.kr/kolisnet)에서
이용하실 수 있습니다. (CIP제어번호 : CIP2019031433)

| 어린이제품 안전특별법에 의한 표시사항 | 제품명 도서 제조년월일 2024년 11월 27일
제조사명 김영사 주소 10881 경기도 파주시 문발로 197 전화번호 031-955-3100 제조국명 대한민국
사용 연령 11세 이상 ⚠주의 책 모서리에 찍히거나 책장에 베이지 않게 조심하세요.

차례

들어가는 말	6
연대표	8
노발대발 노르만족	12
봉변 당한 봉건 제도	22
지긋지긋 질병들	36
기를 쓰는 기사들	52
악명 높은 앙주 왕가	64
먹을까 말까, 먹을거리	76
냉가슴 앓은 랭커스터 왕가	89
애처로운 여자들	101
어린이도 어려워	112
중세 시대 화들짝 괴담들	129
좀먹은 종교	135
끝맺는 말	152
퀴퀴한 퀴즈	154

들어가는 말

역사는 끔찍하다. 시대들은 또 얼마나 헷갈리는지. 사람들은 어제 일어났던 일에 관해서도 얘기가 서로 다르다…….

하물며 작년이나 백 년 전에, 또는 몇 백 년 전에 일어났던 사건에 관해서는 무엇이 진실인지 알 방법이 전혀 없다…….

뭐가 문제인지 감이 와? 이를테면 프랑스 왕 샤를 6세의 왕비 이자보는 키가 컸다는 말도 있고 작았다는 말도 있고, 피부

가 희었다는 말도 있고 가무잡잡했다는 말도 있다는 거지. 그런가 하면 프랑스 농민들이 굶주렸다, 아니 잘 먹었다, 냄새가 고약했다, 아니 꼬박꼬박 잘 씻었다는 등등 정반대의 얘기들이 버젓이 전해져. 왜 그런 거냐고? 역사학자들과 선생님들은 보통 자기가 생각하는 대로 말씀하시는데, 따지고 보면 생각을 말하는 것과 사실을 말하는 것은 다르거든.

여러분은 누구의 말을 믿어야 할까? 누구의 말도 믿지 말 것! 교과서는 아마 이야기의 한 쪽 면만 말해 줄 것이니.

하지만 이 책은 여러분에게 중세 시대 영국을 중심으로 나머지 한 쪽 면의 이야기를 들려주려고 한다…….

자, 그럼 사실을 들여다보고 진실이 무엇인지는 여러분이 판단해 보도록!

연대표

410년 영국 땅에 머물던 로마인들이 집으로 돌아간다. 로마가 망하면서 중세 시작. 이 시기를 암흑 시대라고도 한다.

793년 바이킹이 처음 영국의 한 수도원을 공격한다. 살벌한 살인광들이 수도사 몇 명을 살해한다.

851년 바이킹들이 처음으로 영국에서 겨울을 난다.

871년 앨프레드 대왕이 색슨족이 사는 지역인 웨식스의 왕이 된다. 앨프레드 대왕은 잉글랜드 남부를 다스리고 바이킹족에게 잉글랜드 북부를 다스리도록 친절을 베푼다.

899년 앨프레드 대왕이 죽어서 땅에 묻힌다.

1017년 바이킹 출신인 크누트가 잉글랜드 전체의 왕이 되면서 바이킹들이 승리한다.

1066년 프랑스 북부에 살던 노르만족이 눈길을 돌려 브리튼

섬을 노린다. 노르만족은 바다 건너 브리튼 섬을 침략해 해럴드 왕을 죽이고, 정복 왕 윌리엄이 왕위에 오른다. 많은 역사학자들은 이때부터를 영국의 중세 말기라고 한다.

1086년 윌리엄 왕이 세금을 매기려고 잉글랜드의 모든 토지와 사람을 장부에 기록하게 한다. 이 토지대장을 '둠스데이 북'이라고 하는데, '둠스데이'는 '세상의 종말'이란 뜻이다.

1099년 유럽 각 나라의 군대가 이슬람 교도가 차지한 예루살렘을 되찾기 위해 그리스도 교도의 이름으로 정복 원정을 떠난다. 이 종교적인 성지 원정을 십자군 원정이라고 한다.

1215년 존 왕이 돈과 권력에 지나치게 욕심을 낸다. 귀족들은 졸렬한 존 왕을 협박해 대헌장에 서명하게 해서 사람들에게 권력을 되돌려 준다. 물론 돈 많은 사람들에게만.

1264년 국왕 헨리 3세가 귀족들과 사이가 틀어진다. 반군

지도자 시몽 드 몽포르가 헨리 3세를 붙잡고 1년 동안 잉글랜드를 지배한다. 1년 후 왕의 군대가 시몽을 죽이고 그 머리를 모티머 경의 부인에게 선물로 보낸다.

1291년 십자군이 예루살렘에서 쫓겨나면서 십자군 원정이 끝난다. 오도 가도 못 하게 된 십자군은 그럼 누구랑 싸울까? 서로 싸운다!

1303년 발트 해가 얼어붙으면서 소빙하기가 시작된다 (1700년까지 계속됨). 곡물이 자랄 수 있는 생장기가 짧아져 식량이 부족해지자 수많은 사람이 굶주린다.

1315년 성서 속 노아의 홍수에 비할 만한 큰 홍수가 일어난다. 수백만 명이 전보다 더 비참하게 지낸다. 유럽에서 사람들이 고양이, 개, 비둘기 똥, 심지어 자기 아이까지 먹었다는 보고가 있다.

1337년 잉글랜드 왕 에드워드 3세가 스스로 프랑스 왕이라고 선포한다. 프랑스인들은 이에 맞서 싸우고 또 싸운다(쉬었다 또 싸운다). 이렇게 백년 전쟁이 시작된다.

1349년 흑사병이 유럽에서 수백만 명의 목숨을 앗아간다.

1431년 프랑스의 영웅 잔 다르크가 잉글랜드 군대를 괴롭히다가 전투 끝에 붙잡힌다. 잔다르크는 마녀로 몰려 화형당한다.

1453년 백년 전쟁이 끝난다. 시작한 지 116년 만이다.

1459년 이제는 잉글랜드인끼리 싸운다! 랭커스터 집안(붉은 장미 문장)과 요크 집안(흰 장미 문장)이 왕위를 놓고 장미 전쟁을 벌인다.

1485년 랭커스터의 헨리 튜더가 보즈워스 전투에서 이겨 리처드 3세에게서 왕관을 빼앗는다. 붉은 장미와 흰 장미가 합쳐진다.

1492년 크리스토퍼 콜럼버스가 아메리카를 발견한다. 신세계, 새로운 시대가 열리고 중세 시대가 끝난다(그렇지만 말처럼 깔끔하게 끝나지는 않는다!).

노발대발 노르만족

　대대로 브리튼 섬에 살던 비리비리한 브리튼족은 1천 년 동안 이리 차이고 저리 차이는 신세였다. 서기 43년에는 로마인에게 농락당했고 5세기에는 색슨족에게 시달리다가, 9세기에는 바이킹족에게 바스러졌다. 이 시기는 훗날 암흑 시대라고 불렸다. 로마인들이 물러간 뒤부터는 발전하기는커녕, 오히려 기술이나 경제는 물론, 예술, 학문 수준이 뒷걸음질치면서 암흑과 무지가 계속되었기 때문이다. 뿐만 아니라 중세 시대는 크고 작은 왕국들이 끊임없이 전쟁을 벌였고, 사람들은 늘 전쟁과 질병에 시달렸으니 그야말로 어두컴컴한 시대였다.

　1066년 브리튼족은 노르만족 때문에 얼굴이 노래진다. 노르만족인 윌리엄이 프랑스에서 군대를 끌고 영국으로 오더니 헤이스팅스 전투에서 잉글랜드 군을 물리친 것이다. 요건 선생님도 아실걸? 결국 노발대발 노르만족이 영국을 차지한다.

　노르만족은 원래 프랑스 북부에 정착했던 바이킹들이었다. 그들은 뾰족 모자를 쓰고 다녔다. 그렇다고 해서 그들의 패션 감각을 나무랄 수는 없다. 아마도 그들은 프랑스 브르타뉴의 조프루아 공 이야기를 들었던 것이 분명하다······.

조프루아 공이 로마로 여행을 떠났을 때의 일이다. 그를 수행하던 부하 한 명이 어느 선술집 마당에서 주인집 닭 한 마리를 함부로 잡았다. 주인 아낙은 예의 없는 손님들 때문에 화가 머리끝까지 났다. 그녀는 커다란 무쇠 단지를 조프루아를 향해 던졌다. 조프루아는 머리에 무쇠 단지를 맞고 죽었다. 노르만족은 때를 놓칠세라 조프루아 공의 땅을 가로채고는 자기들 땅으로 만들었다. 물론 낮게 날아오는 단지들을 피하기 위해 뾰족 투구를 쓰고서 말이다.

노르만족 가운데는 역사를 기록할 역사학자들이나 수도사들이 많았다. 그래서 노르만족이 영국에 들어온 뒤로 여러 사건들에 대한 기록이 남았다. 우리가 과거를 보는 데에도 예전처럼 컴컴하지 않게 되었다. 그래서 대략 1,000년이 지난 때부터는 암흑 시대를 벗어났다고 보고 중세 후기라고 한다.

중세 시대는 몹시도 어지러운 시대였다. 여기저기서 왕들끼리 또는 귀족과 왕이 끊임없이 싸움을 벌였다. 기술이 발달할 틈도, 제대로 농사지을 틈도 없었다. 사람들의 삶은 고달팠다. 먹을 것은 늘 부족했고 흑사병으로, 전쟁으로, 고문으로, 또는 그냥 너무 힘들게 일하다가 수많은 사람들이 죽어 나갔다.

여러분은 고작 숙제하고, 학교 급식이나 꾸역꾸역 먹고, 역

사 수업을 듣는 것만으로도 힘들어 죽을 것 같지?

위험한 정복 왕 윌리엄

정복 왕 윌리엄은 1066년 노르만족을 이끌고 잉글랜드에 상륙했다. 잉글랜드 왕 에드워드가 자기한테 왕위를 물려주기로 약속했다고 주장하면서 말이다. 그런데 잉글랜드의 권력자인 해럴드 2세도 똑같은 말을 했다. 그리하여 두 남자의 목숨을 건 싸움이 일어났다. 잉글랜드인은 해럴드가 이기기를 바랐을 것이다. 왜냐하면 윌리엄은 위험 인물이었으니까······.

- 윌리엄은 원래 프랑스의 노르망디 공작이었다. 공작은 왕 아래 귀족 가운데 가장 높은 작위이다. 그러나 윌리엄은 무두장이(가죽을 손질하는 사람)의 아들이라는 소문 때문에 많은 놀림을 받았다. 1048년 그가 프랑스의 알랑송을 포위했을 때, 그곳 사람들은 짐승 가죽을 담장에 걸어 놓고 이렇게 소리쳤다. "무두장이 아들은 할 일이 많다네." 여러분은 단순해서 그냥 넘겨 들을지 몰라도 윌리엄은 길길이 날뛰었다.
그는 마을을 공격해 34명을 포로로 잡고 포로들을 성벽 앞에 줄지어 세워 놓았다. 성벽 안에서 알랑송의 사람들이 지켜보는 가운데 윌리엄은 포로들의 손과 발을 잘라 성벽 위로 던졌다. "항복하지 않으면 이런 꼴을 당할 것이다."는 뜻이었다. 알랑송 사람들은 항복했다.
- 윌리엄은 아르크 백작에게 군대를 이끌고 갔다. 그런데 윌리엄이 너무 빨리 행군하는 바람에 병사들이 쫓아갈 수 없었다. 아르크에 도착하니 옆에 있는 부하는 겨우 6명뿐이었다.

아르크 백작은 300명의 기사를 거느리고 있었다. 윌리엄이 백작을 향해 돌격하자 백작은 도시의 안전을 위해 전속력으로 말을 몰아 후퇴했다. 300명의 기사들도 백작을 따라 달아났다. 그런데 그 백작이 윌리엄의 삼촌이었다는군!

- 윌리엄은 잉글랜드뿐 아니라 프랑스의 메인 지방도 갖고 싶어 했다. 망트의 발테르 역시 두 곳 모두를 탐내고 있었다. 윌리엄은 발테르와 그의 아내를 사로잡아 팔레즈 요새에 가두었고 두 사람은 그곳에서 죽었다. 일부 역사학자는 그들이 독살되었다고 주장한다!
- 윌리엄은 잉글랜드를 정복한 후 무자비한 통치를 했다. 당시의 한 역사가는 '악마들이 불과 칼을 가지고 이 땅에 도착했다'고 썼다. 그러나 윌리엄은 친절하게도 사형을 폐지했다. 그가 마지막으로 만든 법은 이것이었다. "어떤 죄인이든 사형하거나 목매다는 것을 금하고, 그의 눈을 파내도록 하라." 1076년 월세오프라는 백작이 반란을 일으켰을 때, 윌리엄은 자기가 만든 그 법을 까맣게 잊고 윈체스터에서 월세오프의 목을 베었다. 쯧쯧.

- 잉글랜드의 반대파들은 윌리엄이 잔인하다고 해도 얼마나 잔인한지 실감하지 못했다.

그러나 머지않아 잉글랜드 북부에서 그들은 윌리엄의 잔인함을 뼈저리게 깨닫는다. 윌리엄과 노르만 군대는 요크로 행군하는 도중에 잉글랜드 남자와 소년들을 닥치는 대로 죽여 버렸다. 노르만 군대는 여기저기 작은 무리를 지어 몰려다니면서 폭도처럼 만행을 저질렀다. 그들은 사람이 사용하는 것을 모두 파괴했다. 집들은 불타서 잿더미가 되었고 농작물도 타 버렸다. 농기구는 부러졌고 가축은 죽어 나뒹굴었다. 요크에서 더럼까지 한 세대가 완전히 몰살당했다. 길에는 시체가 흩어져 있었는데 생존자들이 살기 위해서 사람고기를 먹었다는 말도 있었다. 그 여파로 1086년까지도 요크에는 인적이 드물었다.

한 가지 여러분이 기뻐할 만한 사실이 있다. 위험한 윌리엄은 잉글랜드와 프랑스에 있는 자기 땅을 오가며 다스렸는데, 프랑스의 망트라는 도시에서도 똑같이 무지막지한 짓을 하려고 했다. 그런데 그가 탄 말이 시뻘겋게 타는 나무토막을 밟은

것이다. 비틀거리는 말에서 떨어진 윌리엄은 크게 다쳐 고통스러운 죽음을 맞았다.

가족의 불화

노르만족은 잉글랜드를 지배했지만 잉글랜드인을 좋아하지 않았다. 사실 그들은 자기 가족도 좋아하지 않았는걸!

정복 왕 윌리엄의 동생 오도는 형이 노르망디로 잠시 돌아간 사이 잉글랜드를 대신 다스려 주었다. 오도는 수고한 대가로 형에게 무엇을 받았을까? 윌리엄은 오도를 감옥에 가두어 버렸다! 윌리엄의 아들들은 한술 더 떴다. 서로 아옹다옹 싸웠고 심지어는 늙은 아버지와도 싸웠다. 정복 왕 윌리엄은 글을 읽고 쓸 줄을 몰랐던 것 같다. 자기 대신 글을 써 줄 서기들을 거느리고 있었으니까. 하지만 만약 윌리엄이 글을 쓸 줄 알았다면 1079년 아내 마틸다에게 이런 편지를 썼겠지…….

사랑하는 마틸다에게

우리 아들 로버트가 무슨 짓을 했는지 당신은 알지 못할 것이오. 자기 아비와 전투를 벌여 아비를 때려눕히는 몹쓸 짓을 한 걸 말이오!

배운망더끗한 녀서꺼. (이크! 발듬이 자꾸 프랑스식으로 나오는구려.)

당신도 알다시피 녀석이 내 통치에 반발하고 자꾸 말을 듣지 않기에 나는 녀석을 타이르려고 부하 몇 백 명과 함께 녀석이 있는 제르브 루아에 왔소. 녀석이 어떻게 했겠소? 성문을 걸어 잠급디다. 그래서 내가 어떻게 했겠소? 그냥 성을 포위해 버렸소. 녀석이 몇 주쯤 사슴고기 파이를 못 먹고 쫄쫄 배를 주리고 나면 용서를 빌러 나올 것이라고 계산했던 거요. 로버트 그 녀석은 먹는 거라면 사족을 못 쓰잖소.

그런데 녀석은 그러지 않았소! 대신에 병사들을 모아서 성 밖으로 돌격했소! 나를 공격했단 말이오! 나는 아들을 공격할 수밖에 없다고 생각했소.

물론 녀석은 큰 실수를 저질렀소. 알다시피 여태까지 당신 남편, 나 윌리엄과 싸워서 이겼던 사람은 없지 않았소? 그런데 녀석은 겁도 없이 곧장 나를 향해 돌격하지 뭐요! 불시에 나를 공격하는 기습 작전을 쓴 것이오. 그러더니 아비를 말에서 깨끗이 떨어뜨렸소. (걱정 말아요, 녀석이 나를 크게 다치게 하지는 않았으니까.)

녀석의 병사들이 나를 죽이려고 움직이기 시작할 때, 마침 그 잉글랜드 친구인 토키가 나를 새 말에 태워줘서 겨우 목숨을 구했소. 불쌍한 젊은 친구 토키는 죽었지만, 중요한 건 내가 살았다는 거요.

사랑하는 당신한테 걱정을 끼치고 싶지 않지만, 둘째 아들 윌리엄이 나를 거들어 싸우다가 약간 타격을 입었소. 다행히 많이 나아서 영웅 대접을 받고 있소.

지금까지 내가 둘째 윌리엄을 쓸모없는 얼간이로 여겼던 건 당신도 알 거요. 하지만 내가 하늘나라 왕위를 받으러 가게 되면 잉글랜드 왕위는 녀석에게 주기로 결심했소.

로버트 그 녀석에게는 노르망디를 줄 거요. 그 배운망덕

한 녀석에게는 그것도 감지덕지요.
사랑하는 여보, 내 곧 집에 돌아가리다.

1079년 1월
노르망디 제르브루아 성에서
윌리엄(정복 왕)

남편 윌리엄에게

내가 로버트를 만날 때까지 조금만 참아 주세요. 그 아이가 당신을 말에서 떨어뜨렸다니 제법이군요. 하지만 그 아이한테 예의범절을 가르쳐야겠어요. 내가 뭐랬어요. 당신이 오냐오냐 해서 애 버릇 망친다고 늘 그랬잖아요. 내가 칼등으로 볼기짝 몇 대 때려 주면 아마 정신을 차릴 거예요.

그리고 당신이 토키의 도움을 받아야 했던 이유를 생각해 봤어요. 당신 혼자서는 말에 올라탈 수 없을 정도로 너무 살이 쪘기 때문일 거예요. 집에 오면 반드시 다이어트를 시작하도록 하세요.

이번에 그 지역의 모직물을 가져다 주겠다고 했던 약속, 잊지는 않으셨겠죠? 이왕이면 초록색 천이 좋겠어요.

빨리 돌아오세요. 우리 개들이 당신을 보고 싶어 해요. 저는 당신 왕좌를 늘 따뜻하게 데워두고 있답니다.

1079년 1월
당신의 사랑, 마틸다

> 추신: 현관에 들어오기 전에 발 닦는 거, 잊지 마세요.
> 방금 새 골풀을 깔았거든요.

윌리엄은 큰아들 로버트를 용서하고 그에게 프랑스에 있는 땅인 노르망디를 남겨 주었다. 그러나 정복 왕 윌리엄이 죽었을 때, 잉글랜드를 물려받은 것은 둘째 아들인 윌리엄 루퍼스였다. 이를 계기로 형제들끼리 여러 차례 다툼을 벌였다. 저마다 서로가 가진 것을 원한 것이다! 셋째 아들인 헨리는 겨우 5,000파운드의 은화를 받았다. 누가 가장 이득이었을까?

사실은 헨리였다.

윌리엄 루퍼스는 뉴포레스트 숲에 사냥을 나갔다가 화살에 맞아 죽었다. 일부 역사학자들은 치사한 셋째 헨리가 이 '사고'를 꾸몄을 거라고 생각하고 있다.

헨리는 둘째 형 윌리엄의 나라인 잉글랜드를 차지한 후 노르망디로 건너가 큰형 로버트와 전투를 벌여 형을 물리치고 노르망디까지 빼앗았다.

이제는 모두 헨리 차지였다. 정복 왕 윌리엄은 하늘에서 형제를 죽이고 빼앗은 무자비한 아들을 자랑스럽게 여겼을까?

운명의 숲

윌리엄 루퍼스가 뉴포레스트에서 화살을 맞은 이야기는 잘 알려져 있다. 그의 동생 헨리가 살인자로 의심을 받는 이유는 윌리엄 루퍼스가 죽을 당시 그도 같은 숲에 있었기 때문이다.

그러나 무엇보다 이상한 것은 리처드의 운명이었다. 리처드가 누구냐고? 리처드는 정복 왕 윌리엄의 넷째 아들이었다. 1074년 리처드는 말을 타다가 사고로 죽었다……. 어디서 죽었게? 그렇지, 바로 똑같은 뉴포리스트에서였다.

리처드는 아주 고통스러운 최후를 맞았다. 그는 말을 타고 숲을 내달리다가 나무에 부딪쳤다. 옛날에는 말 타는 사람들을 위한 승마 면허 시험이 없었다. 만약 그런 것이 있었다면 리처드는 시험에 떨어졌겠지.

리처드는 윈체스터로 옮겨졌지만 부상이 너무 심해 곧 죽고 말았다.

정복 왕 윌리엄은 아들의 죽음에 매우 상심했다. 리처드와 부딪쳤던 나무도 그다지 기분 좋지는 않았을 것이다!

봉변 당한 봉건 제도

노르만족이 잉글랜드에 들어와 노르만 왕조를 열 때 '봉건 제도'도 따라 들어왔다. 봉건 제도에서는 꼭대기에 왕이, 맨아래 바닥에 농민이 있었다. 농사는 농민이 지었지만 땅은 왕이나 귀족의 것이었기 때문에 농민은 무엇을 하든 값을 치러야 했다. 왕의 들판에서 밭을 갈았고 왕의 성에서 일했고, 왕의 도로를 고쳐 주었다……. 왕의 땅에 산다는 이유 때문에 전부 완전 공짜로. 그런 다음에 자신의 조그만 땅뙈기에서 틈틈이 일했다. 물론 남의 일을 공짜로 해 주느라 자기 일을 할 시간은 많지 않았다. 그렇게 해서 농민들이 조금이라도 돈을 벌면 영주에게 세금으로 내야 했다. 영주의 옥수수를 갈고, 영주의 사과를 으깨고, 하찮은 영주의 오븐에서 빵을 구운 대가로.

봉건 제도

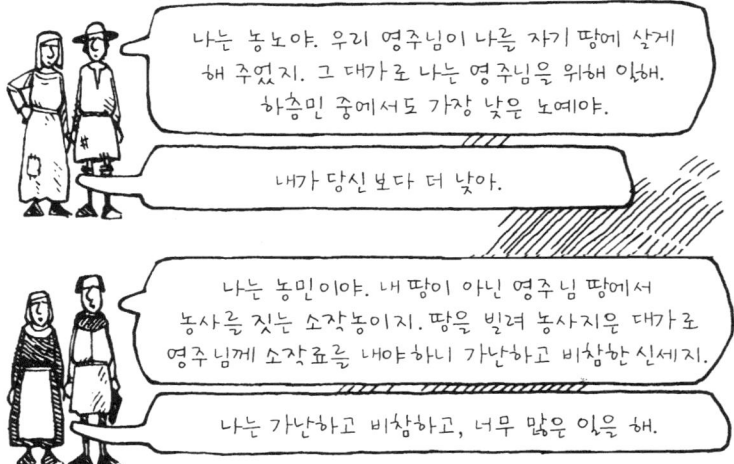

> 나는 기사야. 왕께서 내게 땅을 주셨어. 대신에 나는 왕이 부르면 나가서 싸워야해. 아무것도 안 하고 싸움만 하는 게 내 일이야.

> 그럼 당신이 싸움 나간 동안 그 땅은 누가 관리하게? 나도 힘들어!

> 난 왕이다. 신께서 내게 나라를 주셨다. 대신에 나는 신을 위해 기도하고, 교회를 짓고, 신을 위해 싸운다. 하지만 항상 내 왕위를 노리는 자들이 있다.

> 그리고 나는 왕가를 이을 아들들을 낳기 위해 늘 애쓰지. 내 팔자야!

> 난 신이니라. 이 모든 녀석들을 평등하게 만들었다고 생각했었지. 누가 내 대신 이 상황을 정리해 주면 좋겠는데…….

> 난 죽음이야. 죽음 앞에서는 모든 사람이 평등하지. 하지만 흑사병이 한 번만 휩쓸고 나면 세상은 훨씬 더 평등해질 거야.

아닌 게 아니라 14세기에 유럽을 휩쓴 흑사병은 확실히 세상을 바꾸어 놓았다. 흑사병이 한바탕 휩쓸고 나자 살아남은 농민들이 얼마 없었다! 농민들을 찾아보기 힘들게 된 거지…….

당연히 농민은 전보다 귀한 대접을 받았다!

여러분은 이렇게 생각하겠지? 중세 시대에 농민들 살기가 그처럼 힘들었다면 차라리 죽는 게 더 나았겠다고 말이다. 천만에 말씀, 만만에 콩떡! 농민이 죽으면 비열한 영주는 농민의 물건들 중에서 가장 좋은 것들을 가져갔다……. 어쨌거나 농민의 것들은 영주가 평생 그들한테 '빌려준 것'이었으니. 이상할 것도 없지…….

농민들이 반란을 일으키다

어두컴컴 중세 시대의 농민들은 오래 살지도 못했지만, 살아 있는 동안에도 비참했다. 뼈 빠지게 일만 하다가 일찍 죽는 게 흔한 일이었지만, 그러지 않았다 해도 충치 같은 평범한 병으로 죽기도 했다. 겨우내 저장한 음식을 먹었다가 식중독에 걸리기도 했다. 그 밖에도 '성안토니 열' 같은 별의별 병에 걸릴 수 있었다. 성안토니 열이라는 병은 맥각중독이라고도 하는데, 호밀, 보리 같은 곡물에 핀 곰팡이가 원인이 되어 생긴다. 팔다리가 타는 듯이 아프다가 그냥 고꾸라지는 거지.

그렇게 살다 죽으면 천국에 가기를 바라겠지만, 농민의 영혼은 천국에도 못 간다는 이야기가 떠돌고 있었다. 농민은 지독히도 고약한 냄새가 나기 때문에 악마들도 농민의 영혼을 데려가기를 거부했다고 하니까! 죽으나 사나 농민은 정말 지긋지긋한 신세였던 거지!

농민들이 들판에서 얼어 죽고, 도랑에 처박혀 죽고, 빈민가에서 굶주려 죽었지만 부자들은 살판났다. 14세기 아르투와의 로베르 백작에게는 아주 근사한 정원이 있었는데 그곳에는……,

- 사람이 지나가면 사람을 향해 물을 뿜는 조각상들이 있었다.
- 바닥의 뚜껑문을 밟으면 깃털 침대 위로 떨어지는 장치가 있었다.
- 숙녀들의 드레스에 물을 뿜는 호스가 있었다.
- 문을 열면 천둥과 벼락의 특수효과를 내며 여러분을 맞이하는 방이 있었다.

당연히 농민들이 성 안의 귀족들을 좋아할 리가 없었다. 농민들은 학교에 다니지 않았지만 한 가지 단순한 계산법은 알고 있었다. "우리 모두를 합치면 그들보다 많다!"는 것이었다. 1358년 프랑스 농민들은 욕심 많은 귀족들을 뒤엎기로 했다.

프랑스 농민 반란은 '자크리의 난'이라고도 한다. 왜 그렇게 부르냐면……

1. 농민들은 거의 '자크'라는 이름으로 불렸다. (자크는 영어의 '존'처럼 흔한 프랑스 이름이다.) 그러니까 '존들의 반란' 쯤 된다는 얘기다. 이게 아니면……,

2. 그들은 삶은 가죽을 덧댄 윗도리를 무슨 갑옷처럼 입었는데, 이 윗도리를 '자크'라고 했다. 그러니까 '삶은 가죽을 덧댄 윗도리들의 반란'인 셈이다.

답을 골라 보시라. 어느 쪽이든 답일 수 있다. 아니면 둘 다 틀렸을 수도 있고!

농민들은 반란을 일으키긴 했지만 질서 잡힌 조직을 꾸리는 데 익숙하지 않았다. 귀족들은 그 반대였다. 그렇지만 처음에 농민들은 화들짝 놀란 귀족 몇 명을 죽이는 데 성공했다…….

1358년 6월 22일 | **파리 포스트** | 아직도 단돈 25상팀

기사 잡는 농민 전사들!

농민 반란군 자크리가 용감하게 전투를 벌이는 가운데 새로운 지도자를 얻어 자꾸자꾸 자크리 반란을 승리로 이끌고 있다. 그 지도자는 이름하여 기욤 칼. 자랑스러운 농민들이 필요로 하는 강인한 지도자이며 노련한 병사이다. 반란이 시작된 것은 4주 전, 적의 나라 잉글랜드의 군대와 기사들에게 사로잡혀 있던 프랑스 왕이 고작 도망이나 치고 왕으로서 하는 일이 아무것도 없자, 화가 난 농민들이 무기를 들고 일어났

다. 도끼와 낫, 쇠스랑으로 무장한 1만 명의 강인한 농민 반란군은 백여 군데의 성을 점령했다.

기사들은 가족들과 함께 달아나거나, 성에 남아 있다가 죽음을 당했다. 농민들의 농담 같은 말이지만 한 기사를 쇠꼬챙이에 꿰어 구운 뒤, 그것을 그 기사의 아내에게 먹게 했다는 얘기도 있다!

농민군이 모(Maeux) 지역을 공격하자, 적이었던 잉글랜드 기사와 프랑스 기사가 힘을 합쳐 모 지역을 위해 싸우는 놀라운 일이 벌어졌다. 캅탈 드 뷔시와 가스통 푀뷔스는 "귀족 숙녀들이 위험에 빠지면 기사들은 할 일을 해야 한다."고 말했다.

이 연합군 기사들은 불과 120명의 군대를 이끌고 자신들의 무기로 농민군을 쳐부수었다. "칼로 낫을 상대하는 것은 반칙"이라며 기욤 칼은 투덜거렸다.

나바르의 왕 샤를이 동부에서 반격을 지휘하고 있다는 소문이 들리는 가운데 칼은 의연히 승리 의지를 내비쳤다. "나바르의 샤를이라고? 나타나면 나, 칼이 칼로써 샤를 너를 베어 줄 것이다."

이에 파리 포스트는 농민군의 승전을 지지한다.

우리의 용감한 전사들

그러나 나바르 왕 샤를은 기욤 칼에게 없었던 한 가지 무기를 사용하고 있었으니……, 그것은 머리였다!

| 1358년 7월 22일 | **파리 포스트** | 아직도 단돈 25상팀 |

칼 잡은 굳센 기사들!

 기사들이 힘을 되찾아 그들의 자리로 돌아왔다! 파리 포스트는 사악한 기욤 칼이 죽었음을 자랑스레 선포하는 바이다. 비로소 자크리의 반란은 끝났다! 흉흉하던 프랑스의 도시에는 평화가 찾아왔다.
 나바르 왕 샤를의 늠름한 군대는 파리 근처에서 저항하던 기욤 칼의 잔당들과 맞닥뜨렸다. 샤를이 칼에게 협상할 것을 전하자, 얼간이 칼은 호위병 한 명 없이 혼자 나타났다. 당연히 나바르는 칼을 사로잡아 사슬로 꽁꽁 묶어 버렸다! "이건 반칙이야!" 칼은 칼날 같은 목소리로 외쳤지만 아무도 그의 말을 들으려 하지 않았다.
 유쾌한 샤를은 칼에게 칼이 탐내던 왕관을 주었다. 벌겋게 달군 쇠 왕관을! 그러고는 그 밉상스러운 머리를 베어 버렸다.
 지도자를 잃은 농민군 촌뜨기들은 학살을 당하거나 토끼처럼 도망쳤다. 이제 왕은 잔당 척결군을 이끌고 그 지역 곳곳을 누빌 계획을 세우고 있다. "농민들의 집, 밭, 가족들까지 죄다 파괴할 것이다!"
 파리 포스트는 시궁창 냄새나는 농민들을 몰아내고 우리의 진정한 지도자들이 돌아온 것을 진심으로 환영하는 바이다.

승리자 샤를

영국 농민들은 반란을 일으키는 일에 관해서는 프랑스 농민들보다 약간 뒤쳐져 있었다. 영국의 농민 반란은 23년 후인 1381년에 일어났다. 그런데 프랑스의 기사들만 반칙을 쓸 줄 알았던 게 아니었다. 잉글랜드의 왕 리처드 2세 또한 제법 반칙에 능했다!

잉글랜드 남부의 농민들은 인두세(능력이 있건 없건 누구한테나 똑같이, 사람 머릿수만큼 걷는 세금)에 시달리다 못해 왕을 만나기 위해 런던으로 행진했다. 농민들은 도중에 마음에 들지 않는 고약한 영주 몇 명을 죽이고는 그 머리를 기다란 장대에 꽂고 다녔는데……,

그러나 죽은 영주들은 차라리 그것을 다행으로 여겼을 것이다. 행진하는 농민들은 고약한 발 냄새를 풍겼는데, 농민들의 발과 장대 위에 걸린 영주의 코는 한참 멀어졌으니까!

농민 반란군의 우두머리는 와트 타일러였다……. 어때? 문제가 생길 법한 이름이지?

어쨌든, 와트의 2만 반군들은 런던에 도착해 그들의 요구 사항을 제시했다…….

런던의 영주들은 와트에게 요구를 들어주겠다고 약속했다. 와트는 그들의 말을 믿지 않았다. 오, 정말 똑똑한 친구 같지? 와트의 군대는 저마다 손에 익은 녹슨 농기구를 들고 런던으로 진군했고, 주교 한 명, 영주 한두 명을 죽이고, 그밖에도 낫을 마구 휘둘러 닥치는 대로 많은 외국인을 살해했다. 14세의 어린 왕 리처드 2세는 군마를 타고 와서 와트를 지원하겠다고 약속했다! 와트는 왕이 하는 말이니까 믿었다.

그렇게 해서 와트는 사실 자기가 똑똑하지 않다는 것을 보여 주었지. 이 반란군 우두머리는 멋도 모르고 이렇게 으스댔거든……

와트 타일러는 〈앗, 이렇게 생생한 역사·고전이!〉를 읽은 적이 없었다. 그는 23년 전 프랑스의 기욤 칼이 어떻게 당했는지, 교훈을 배울 기회가 없었다. 결국 와트는 런던 성벽 바깥에 있는 스미스필드에서 왕과 왕의 호위병들을 만나기로 했다.

일부 역사학자들의 말로는 와트 타일러가 여기서 왕의 부하들과 싸울 생각으로 칼을 뽑아들었다고 한다. 그러자 런던 시장인 윌리엄 월워스가 칼을 빼들고 와트 타일러를 죽였다.

지도자를 잃은 농민군은 항복했다. 칼이 죽은 후 프랑스 농민들이 그랬던 것과 똑같이.

이것이 보여 주는 것은 무엇일까? 다름 아닌, 역사는 반복된다는 것이다. 옛날과 비슷한 일이 다시…… 또 다시…… 그리고 다시…… 그리고 또 다시…….

와트의 머리는 기다란 창에 끼워졌다. 우두머리가 머리가 없으니까 결국 농민군이 우두머리를 잃었고, 그 우두머리는 머리를 잃었던 거지.

벌거벗은 여자

정복 왕 윌리엄과 그의 노르만 왕가는 둠스데이 북으로 유명하다. 이것은 잉글랜드의 모든 사람이 가진 모든 것을 빠짐없이 기록한 토지대장이다. 일단 누가 재산을 얼마나 가지고 있는지 알고 나자, 노르만 왕가는 세금을 매길 수 있었다. 그러나 많은 사람들이 까맣게 잊고 있던 사실이 있었다. 불쌍한 잉글랜드 백성들은 노르만족이 들어오기 아주 오래 전부터 세금을 내고 있었다는 사실 말이다.

가장 유명한 납세 거부 사건은 고다이버 부인이라는 유명한 색슨족 여인이 벌거벗고 시위를 벌인 사건이었다. 그녀의 이

과감한 행위에 관해 최초로 보고서를 쓴 사람은 웬도버의 로저였다. 이 이야기는 유명하지만 원래 로저가 썼던 글에는 없었는데 나중에 끼워 넣은 내용이 있다. 그게 뭘까? 다음은 로저가 썼던 옛날 글을 현대식으로 옮긴 것이다.

고귀하신 고다이버 백작부인은 무거운 세금 때문에 신음하는 코번트리 마을 사람들의 괴로움을 덜어 주고 싶어 했다. 부인은 남편인 치사한 체스터 백작 레오프릭에게 마을 사람들의 무거운 세금을 깎아 줄 것을 여러 차례 간청하곤 했다.

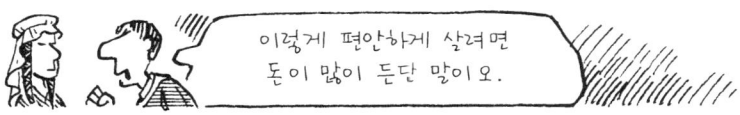

그럴 때마다 백작은 부인을 비웃었다. "당신의 부탁은 바보들이나 하는 소리 같구려. 우리한테 그 돈이 왜 필요한지 당신은 모르겠소? 세금을 깎으면 그 결과는 나한테 해가 되어 돌아올 것이오. 다시는 그런 얘기를 꺼내지도 마시오."

그러나 고다이버 백작부인에게는 여자 특유의 고집이 있었다. 부인은 아랑곳 않고 그 문제를 가지고 계속해서 남편을 졸라댔다. 결국 참다 못한 남편이 벌컥 화를 내며 말했다. "좋소. 벌거벗은 채로 말을 타고 마을 사람들 앞에서 시장을 한 바퀴 돌고 오시오. 만약 당신이 그 일을 해낸다면 내 당신 부탁을 들어주리다."

고다이버 백작부인은 이렇게 되물었다. "내가 군말 없이 그렇게 하면 정말 부탁을 들어주신다는 말씀이죠?"

"그렇소."

백작의 대답을 들은 백작부인은 기다란 머리채를 몸 위로 늘어뜨려 베일을 쓴 것처럼 몸을 가렸다. 그러고는 자신의 말에 올라타고 하얀 두 다리만 내놓고 기사 두 명의 호위를 받으며 시장을 한 바퀴 돌았다.

부인은 이 시장 나들이를 마친 뒤 기쁜 마음으로 집으로 돌아갔고, 깜짝 놀란 남편은 부인의 부탁을 들어주었다. 레오프릭 백작이 코번트리 마을의 모든 세금을 면제해 준 것이다.

백 년 뒤 한 역사가는 이 이야기를 다시 옮기면서 새로운 등장인물을 만들어 넣었다. '엿보는 톰'이라는 못된 재단사를 이야기 속에 집어넣은 것이다. 코번트리의 모든 사람들이 백작부인의 체면을 세워 주기 위해서 집 안에 들어가 있었는데 한 사람, 비열한 톰만은 몰래 부인을 엿보았다.

이것이 말해 주는 것이 있다면? 여러분이 책에서 읽은 이야기를 모두 믿지는 말라는 거다……. 특히 역사 이야기라면!

요건 몰랐지?

기사는 자기 영지의 농민들을 소유했다. 그러니까 농민을 마치 자기 재산처럼 취급했다는 얘기다. 만약 여러분이 어떤 기사를 습격한다면, 아마 그 기사는 겁을 먹고 자기 성 안에 틀어박혀 나오지 않을지 모른다. 그렇다면 여러분이 그 기사를 혼내 줄 수 있는 방법은 무엇일까?

성 주변 마을을 다니며 기사의 농민들을 공격하는 것이다. 12세기 프랑스에서 '성난 늑대'라 불리는 토마 드 마를이 바로 그랬다. 그는 아버지한테서 미움을 받자 앙갚음으로 아버지의 농민들을 습격하고, 농민들의 발을 자르거나 눈을 뽑아 버렸다.

참으로 치사한 양반 같으니라고!

지긋지긋 질병들

1347년 죽음이 기다란 낫을 들고 유럽 대륙을 돌아다녔다. 죽음이 휘두르는 낫에 사람들이 풀잎처럼 쓰러져 죽었다. 용케 죽음의 낫을 피한 사람들도 있었다. 슥삭! 슥삭!

1349년 죽음은 영국 해협을 건너 영국 제도로 들어갔다. 사람들은 공포에 벌벌 떨었다. 다음엔 누가 죽게 될지 도저히 알 수 없었다. 어느 이탈리아 사람의 일기장에는 이렇게 쓰여 있었다…….

> 병에 걸리면 가랑이와 겨드랑이 아래쪽이 부어올랐다. 희생자들은 피를 토했고 사흘 후에는 죽어 있었다.

이렇게 부은 겨드랑이에서는 피와 고름이 새어나오기 시작했다. 피부에는 검붉은 반점이 나타나고 몸에서는 정말 역겨운 냄새가 났다!

냄새나고, 토하고, 냄새나다가……, 슥삭! 그러면 죽었다.

이 죽음의 '낫'은 다름 아닌 페스트, 이른바 흑사병이었다. 흑사병이 돌자 하나 둘 죽은 시체들이 낫으로 베어 쌓아 놓은 건초더미처럼 쌓여 갔다.

산 사람들은 그렇게 쌓인 시체들을 수레에 옮겨서 한꺼번에 구덩이에 묻었다. 그런데 프랑스의 아비뇽에서는 시체들을 그냥 강물에 풍덩 던져 버렸다.

　죽음이 긴 낫을 휘두르면서, 특히나 즐겨 노렸던 상대는 어린이들이었다. 오늘날 우리는 어린이들이 왜 어른들보다 쉽게 죽는지 진짜 이유를 잘 알고 있다. 뭐냐고? 어른들은 이런저런 잔병치레를 하면서 저항력을 키웠다. 반면 어린이들은 어른만큼 오래 살지 않았으니까 병에 걸릴 일이 적고, 그만큼 저항력도 약하다. 그래서 어른에 비해 쉽게 죽는다.

　물론 교회에서 설교하던 사람들은 어린이가 죽는 이유를 죽을 만한 짓을 했기 때문이라고 말했을 것이다. 실제로 이렇게 말한 사람도 있었다…….

여러분도 느끼겠지만 요즘이라고 크게 바뀐 것은 없다.

정신 나간 치료법들

문제는 의사들이 흑사병의 원인을 알지 못했고, 그래서 어떻게 치료해야 하는지 잘 몰랐다는 거다. 사람들은 흑사병에 걸리는 이유를 엉뚱하게 알고 있었는데……,

- 흑사병 걸린 사람을 보면 병이 옮는다.
- 나쁜 공기를 마시면 걸린다.
- 독을 탄 우물물을 마시면 걸린다.

프랑스 사람들은 영국 사람들이 물에 독을 풀었다고 말했고, 스페인에서는 아랍 사람들이 독을 풀었다고 말했다. 독일에서는 독을 풀었다고 의심되는 사람들을 잡아다 나무통에 집어넣은 뒤 못을 박아 통을 봉해 강물 속에 던졌다.

그리고 너나 할 것 없이 모두 한센병 환자들을 범인으로 몰았다!

치료법 또한 흑사병만큼이나 무시무시했다. 의사들은 일찍

부터 여러 가지 질병에 별난 치료법들을 쓰고 있었다. 의사들이 말한 여러 가지 병의 치료법은 아래와 같다.

- 치통을 치료하기 위해서는 까치의 부리를 목에 걸어라.
- 정신병을 치료하려면 두개골에 구멍을 뚫어 악마가 나가게 해라.

그러나 흑사병처럼 치명적인 질병에 대해서는 의사들도 손을 쓸 수 없었다! 그래서 이런 제안들을 내놓았는데……,

- 화덕에 좋은 냄새가 나는 약초를 던져 넣어서 공기를 깨끗이 해라.
- 시궁창 속에 들어앉아 흑사병의 나쁜 기운을 더욱 지독한 하수구의 기운으로 몰아내라.

- 10년 묵은 당밀을 해독제로 마셔라.
- 에메랄드를 으깬 가루를 마셔라(부자들의 경우).
- 비소 가루를 먹어라(독성이 아주 강하다!).
- 환자의 몸에서 피를 빼도록 해라(환자의 별자리 점이 좋을 때!).
- 마을의 모든 개와 고양이를 죽여라.

- 살아 있는 닭의 궁둥이 털을 빡빡 밀고 통증 부위에 닭을 동여매라.

- 회초리로 자기 몸을 때리면서 이 도시 저 도시를 행진해라.

의사들은 환자의 오줌을 검사했다. 오줌에 피가 섞여 나오면 그 환자는 살 가망이 없다는 뜻이었다.

어떤 사람은 흑사병에 걸려도 흑사병에 대한 자연 면역력이 있었기 때문에 회복되었다. 그렇지 않았던 사람들이 사용한 '치료법' 가운데 딱 하나 효과가 있는 것이 있었다. 흑사병이 도는 도시를 피해 시골로 달아나는 것이었다. 시골에 별장을 가진 부자는 그 방법을 쓸 수 있었다. 하지만 가난한 사람은 오갈 데 없이 집에 그대로 있다가 죽음을 맞았다.

흑사병의 진짜 원인이 밝혀진 것은 지금으로부터 겨우 백여 년 전의 일이다. 하물며 오늘날에도 흑사병의 원인을 잘 모르는 사람이 많다. 여러분도 모를걸? 쥐가 흑사병을 옮겼다고 생각하는 사람이 많은데, 사실 흑사병 병균을 옮긴 것은 벼룩이었다.

벼룩은 쥐의 몸에 살았고 벼룩 속의 병균이 쥐를 죽였다. 죽은 쥐는 맛이 아주 형편없었다. 그래서 벼룩들은 새로운 '집', 다시 말해 살아 있는 쥐를 찾아다녔다. 주변에 쥐가 없으면 벼룩은 사람의 몸으로 뛰어올라 그 사람에게 병균을 퍼뜨렸다.

이렇게 새로 사귄 사람이 죽으면 벼룩은 다시 다른 사람 몸으로 뛰어오르곤 했다. 아마도 죽은 사람을 간호했던 사람이 첫 번째 피해자가 됐겠지. 그런 식으로 계속 병이 퍼져간 거다.

시달린 스코틀랜드인들

흑사병 이야기에는 재미있는 면도 있다. 여러분한테 수준 높은 유머 감각만 있다면 말이다!

중세 시대는 아직 스코틀랜드와 잉글랜드가 합쳐지지 않은 때였다. '영국'이라는 것 자체가 없었을 때니까. 어쨌든 스코틀랜드 사람들은 대대로 잉글랜드 사람을 싫어했다. 그래서 잉글랜드에서 많은 사람들이 흑사병으로 죽어나가는 것을 보고 속으로 기뻐했다.

1349년 스코틀랜드 사람들은 지금이야말로 잉글랜드를 침략할 둘도 없는 기회라고 판단했다. 잉글랜드 사람들이 병으로 매우 허약해졌으니 스스로를 방어하지도 못할 거라고 생각했던 거다. 그런데 그렇게 군대를 모으자 스코틀랜드군에 흑사병이 돌았다. 수많은 스코틀랜드 병사들이 죽었다. 자기 집이 있는 도시와 마을로 달아난 병사들은 더 많았다……. 물론 흑사병을 가지고 말이다! 죽음은 잉글랜드와 스코틀랜드의 전쟁에서 누구의 편도 아니었다.

흑사병을 퍼뜨리는 개들

이탈리아의 시칠리아 섬에 있는 메시나에서는 흑사병을 퍼뜨리는 죽음이 커다란 검은 개의 모습을 하고 나타난다고 믿었다. 그 검은 개는 앞발에

칼을 들고서 교회 안의 장식들과 제단을 때려 부순다고들 했다. 그런데 많은 사람들이 진짜로 그 커다란 검은 개를 보았다고 맹세했다고 한다!

스칸디나비아 사람들은 흑사병 소녀가 죽음을 퍼뜨린다고 생각했다. 흑사병 소녀가 죽은 사람의 입에서 빠져나와 불꽃이 되어 주변을 떠돌다가 그 옆집에 흑사병을 전염시킨다는

거다. (흑사병 환자에게는 절대로 인공호흡을 하지 말 것. 그랬다가는 입술 데일라!)

리투아니아 사람들도 그 비슷한 소녀가 창문으로 빨간 손수건을 흔들어 흑사병을 집에 들어오게 한다고 믿었다. 어느 집에서 빨간 손수건이 펄럭이는 것을 본 한 용감한

사내가 그 소녀의 손을 베었다. 사내는 죽었지만 마을 사람들은 덕분에 목숨을 구했다. 그 손수건은 아주 오랫동안 그 지역 교회에 보관되었다. (물론 그 손수건은 손이 잘린 어떤 소녀의 것이겠지?)

채찍질 고행자들

여러분 안에 있는 나쁜 마음을 없애는 방법이 있을까? 어떤 사람들은 사악한 마음을 없애는 최고의 방법은 여러분 안의 악마를 때려서 몰아내는 것이라고 믿었다. 그래서 유럽에는 채찍질 고행자라는 사람들이 생겨났다. 이들은 200명에서 300명씩 무리지어 스스로를 그리고 서로를 채찍질하면서 33.3일 동안 돌아다녔다. 33.3이란 숫자는 예수 그리스도가 지구상에서 살았던 해를 나타낸다. 채찍질 고행자들은 맞을 때 더욱 아프라고 채찍 끝에 강철을 매달았다. 이들은 채찍의 얼얼한 아픔을 견뎌내야 했고, 지켜야 할 수칙도 참 많았다는데……

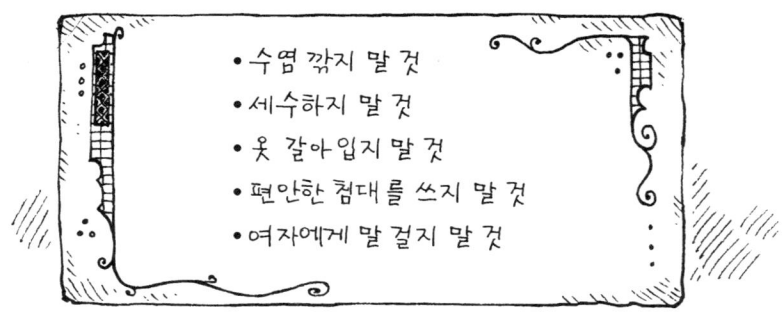

- 수염 깎지 말 것
- 세수하지 말 것
- 옷 갈아입지 말 것
- 편안한 침대를 쓰지 말 것
- 여자에게 말 걸지 말 것

처음에 채찍질 고행자들은 흑사병의 재난이 닥친 것은 타락한 사제들 때문이라고 비난했다. 그러자 사제들은 채찍질 고행자들을 교회에서 파문하겠다고 위협했다. 그러자 치사한 채찍질 고행자들은 보다 만만한 목표물에게 비난의 화살을 돌리기로 했다. 도시에 사는 유대인들을 겨냥한 것이다. 채찍질 고행자들은 도시마다 있는 유대인 구역을 습격해 닥치는 대로 아무나 살해했다.

1349년 보름스(지금의 독일에 위치한 도시) 같은 일부 지역에서는 채찍질 고행자들에게 죽음을 당하느니 직접 죽음을 선택한 유대인들도 있었다. 이들은 자기 집에 틀어박힌 채 불을 질러 집단 자살을 했다. 그해 마인츠에서는 6,000명의 유대인이 죽었고, 에르푸르트에서는 3,000명의 유대인들 중 목숨을 건진 사람이 한 명도 없었다.

기괴한 약

물론 중세 시대 의사들이 다루어야 했던 병이 흑사병만은 아니었다.

고대부터 의사들은 병을 없애는 가장 좋은 방법은 몸에서 나쁜 피를 빼내는 것이라고 믿었다. 이것을 방혈이라고 한다. 중세 시대 사람들은 오다가다 마을 이발소를 불쑥 들어가 혈관을 절개하는 시술을 받았다. (시간을 절약하고 싶은 사람은 기다리는 동안 머리카락을 자를 수도 있었다!)

마을에 이발소가 어디인지 어떻게 알아볼 수 있었냐고? 이발소 창문에는 대개 막 피를 받은 대접이 올려져 있었거든! 런던에서는 이것을 끔찍하게 나쁜 풍습으로 여기고 1307년에 금지했다. 받은 피들은 곧장 템스 강으로 흘려 버려야 했다.

중세 시대에는 몸에서 피를 내보내는 것과는 별도로, 다른 '흥미로운' 치료법들이 있었다. 어떤 병에 어떤 약을 쓰는지, 여러분이 맞게 짝지을 수 있을까? 다음 문제를 풀어 보자. 실은 전부 다 틀려도 별로 상관은 없다. 어쨌거나 제대로 듣는 약은 하나도 없었으니까!

답:
1-f. 사내아이 오줌으로 머리를 감다가 죽을 수도 있다. 어쨌거나 머리에 핀 버짐에는 확실히 충격이 있겠지만. (절대로 따라하지 말 것.)
2-i. 경고! 이 방법대로 꿀 반죽을 바른 뒤에는 절대로 그 꿀을 먹으려고 하지 말 것.
3-a. 흑사병 전문 의사들은 아주 돈이 많은 부자 부모들에게는 진주 가루나 에메랄드 가루를 팔았다. 이 방법은 의사의 지갑을 두둑하게 하는 데에는 아주 특효였다.
4-h. 14세기 중반 한 교구 목사는 죽은(그리고 지독한 냄새가 나는) 늑대 시체 네 구를 둥근 나무통에 넣어 수입하다가 들통났다. 사제는 피부병이 사람의 피부 대신 늑대의 가죽을 먹을 것이라고 생각해서 죽은 늑대를 수입한 거다. 의사들은 교구 목사가 의사가 할 일까지 가로챘다고 화를 냈다나!
5-b. 나빠진 기억력을 좋게 하려고 생강을 먹는 것은 해롭지 않다. 실제로 이 방법을 써 본 사람이 있다. 정말 효과를 볼지도 모른다고 생각했겠지. 하지만 그 사람은 자기 기억력이 좋아졌는지 아닌지 기억하지 못한다고.
6-e. 당밀은 15세기에는 만병통치약이었다. 실제로 모든 병에 치료제로 쓰였다. 실어증, 피부 반점 그리고 뱀에 물렸을 때에도. (당밀은 모든 약 가운데 진정한 스타였다. 당밀이 뭐냐고? 사탕수수나 사탕무에서 사탕을 뽑아내고 남은 끈적끈적한 액체지. 당연히 단맛이 나니 인기가 좋았겠지?)
7-d. 구할 수만 있다면 멧돼지 지방을 베이컨 기름에 섞어야 한다. 문제는 멧돼지와 싸우다 보면 멍이 더 많이 생기게 된다는 거지. 그러면 다시 그 멍을 치료하려고 나가서 또 멧돼지를 잡아와야 하고…… 또 멍들고 그렇게 계속 된다!
주의: 성난 멧돼지 대신에 멧돼지처럼 날뛰는 선생님을 잡아 그 지방을 빼서 쓰지는 말 것. 멧돼지 지방의 효능에 한참 뒤떨어지거든.

8-j. 닭의 깃털에 불을 붙일 때는 반드시 닭의 몸에 붙어 있는 깃털이어야 한다. 물론 동물보호단체에서는 이 방법을 아주 탐탁지 않게 생각하겠지만……

9-c. 눈물, 콧물만 나오지 않으면 괜찮은 치료법이다.

10-g. 죽은 두꺼비를 목에 두르고 다니기가 민망하다면, 친구들에게 이것이 최신 패션이라고 말하면 된다. 그게 싫다면 피 흘리다 죽는 편을 택하든가.

선생님들을 위한 귀띔

숙취를 예방하기 위한 최고의 방법은 술 마실 때 모자를 벗는 것이다. 중세 시대 의사들은 그렇게 하면 머리에서 해로운 기운이 빠져나간다고 말했다. 모자는 나쁜 기운을 머리에 가두어 두통을 일으킨다. 그러나 술 때문에 콩팥 기능이 좋지 않다면, 개디스덴의 존이라는 사람이 개발한 딱정벌레 술이 괜찮은데……

> 나는 머리와 날개를 떼어낸 귀뚜라미를 딱정벌레와 함께 냄비에 넣고 기름을 부었다.
> 냄비 뚜껑을 덮어 꼬박 하루 동안 빵 굽는 화덕 속에 넣어 둔다.
> 그런 다음 냄비를 꺼내 약한 불에서 끓였다.
> 그 모든 내용물을 함께 갈아서 아픈 부위에 문질렀다.
> 그러자 사흘 만에 통증이 사라졌다.

피융

건강을 위한 경고 : 이 치료법에는 반드시 귀뚜라미나 메뚜기만 사용해야지, 사마귀나 장수풍뎅이는 사용하면 안 된다. 사마귀나 장수풍뎅이를 잡아 머리를 떼어내려 했다가는 물릴지도 모르니까.

아랍의 의학

아랍의 의학은 유럽 의학보다 훨씬 앞서 있었다. 아랍 의사들의 치료법을 보면 유럽 의사들보다 질병을 훨씬 잘 이해하고 있다는 걸 알 수 있다. 아랍 의사들이 쓰는 치료법은 훨씬 순한 편이었다. 게다가 효과도 훨씬 좋았다. 그래서 아랍 의사들은 유럽 의사들이 쓰는 치료법이 좀처럼 미덥지가 않았다.

우사마 이븐 문키드라는 아랍의 역사가는 어느 아랍 의사의 이야기를 들려준다. 그 아랍 의사는 한 기사의 다리에 생긴 종기를 치료하고 있었다. 의사는 기사의 다리에 붕대를 감아 주었다. 폐병이 든 한 여자에게는 신선한 음식을 먹으라는 적절한 처방을 내렸다.

그런데 그와 함께 왔던 유럽인 의사가 말했다. "당신은 이런 환자들을 치료하는 방법을 전혀 모르시는군요." 그러더니 유럽인 의사는 도끼를 가져와 기사의 다리를 잘라 버렸다. 기사는 죽었다.

이어서 유럽인 의사는 폐병 든 여자의 두개골에 구멍을 내고는 뇌를 꺼내어 소금으로 문질렀다. 여자는 죽었다.

"오늘 당신이 의학에 관해 뭔가 배웠기를 바랍니다." 유럽인 의사가 말했다.

"확실하게 배웠습니다." 아랍인 의사가 대답했다.

최초의 플라잉 닥터

 오스트레일리아 사람들은 '플라잉 닥터'가 있다는 걸 자랑으로 여긴다. 플라잉 닥터란 외딴 곳까지 비행기를 타고 날아가 의료 서비스를 하는 의사를 말한다. 그런데 중세 시대 스코틀랜드에도 플라잉 닥터가 있었다. 스털링의 대미언 박사라는 사람인데, 그는 그야말로 공중을 날았던 최초의 의사가 되었다.

 대미언 박사는 정말 실력이 형편없는 의사였다. 그의 치료를 받고 나은 사람도 많았지만 죽은 사람도 그만큼 많았다. 모험심이 많았던 스코틀랜드의 왕 제임스 4세는 대미언 박사에게 평범한 금속을 금으로 바꾸라며 많은 돈을 주었다. 금속을 금으로 바꾸는 건 사람들이 오래 전부터 꿈꾸고 연구해 오던 일이었다. 연금술이라는 게 바로 그거다. 쇳덩이를 금덩이로 바꿀 수 있다면 여러분도 좋겠지? 엄마 생일 선물로 병뚜껑 하나만 준비하면 될 테니까. 왕은 대미언이 박사니까 연금술을 해낼 거라고 믿고 연구 자금을 대주었던 것이다.

 당연히 대미언 박사는 실패했다. 그는 금을 못 만들어내자 왕에게 혼날까 봐 1504년 탈출 비행을 시도했다. 당시의 한 작가가 이 사건을 기록했는데…….

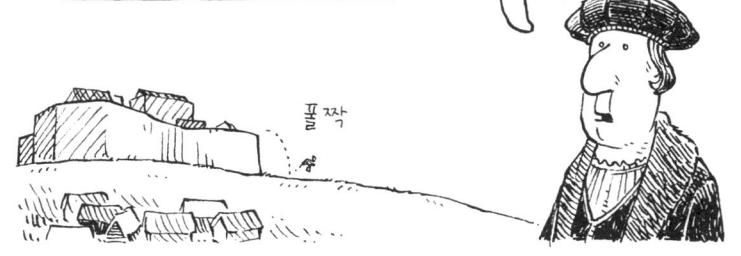

> 대미언은 날개를 몸에 달아 공중을 나는 계획을 세운 뒤, 깃털을 모아 날개 두 개를 만들었다.
> 그는 날개를 단단히 몸에 붙이고 스털링 성벽에서 날았으나 곧 땅에 떨어져 뼈 세 군데가 부러졌다.
> 그는 날지 못한 원인은 날개 깃털 가운데 닭털이 섞여 있었기 때문이라고 하면서 이렇게 말했다.
> "닭은 하늘을 나는 동물이 아니라 똥 무더기에 사는 동물이니까."

다행히 제임스 왕은 대미언보다는 제법 의사 소질이 있었으므로 대미언에게 고약을 붙여 주었다.

최초의 플라잉 닥터는 닭대가리가 아니었던 것은 확실하다. 닭대가리라면 닭털 때문에 날지 못했다는 둥 투덜거리지는 않았을 테니까!

기를 쓰는 기사들

노르만족은 영국 땅에 들어오면서 성을 짓는 기술을 함께 들여왔다. 흙 언덕 위에 나무 성벽을 둘러 만든 성은 노르만족을 부리부리한 브리튼족들로부터 보호해 주었다. 노르만족은 자리를 잡으면서 더 크게 성을 지었는데, 나무 대신 돌로 지었다. 이제는 노르만족끼리도 서로에게서 스스로를 보호해야 했기 때문이다!

물론 불쌍한 농민들이 성을 쌓았지만, 자신들을 위해 그런 건 아니었다. 기사들이 성을 지으라고 시킨 거였다. 기사가 어떤 사람이냐고? 왜, 갑옷 입고 말 타고 싸우는, 돈 많고 힘 있는 병사 있잖아. 기사는 왕의 명령을 받아서 성을 쌓을 때에도 그 일을 불쌍한 농민들에게 대신 시켰다. 그리고 왕을 위해 외국 농민들을 쳐부수러 원정을 나갔다.

그런데 기사들과 왕들은 뭔가 끔찍스런 일을 하기 시작했다……. 글을 읽는 법을 배운 것이다! 이제 그들은 브리튼의 아서라는 어느 옛날 왕의 이야기를 읽게 되었다. 아서 왕은 참으로 이상한 생각을 해낸 사람이었다. 기사는 신사여야 한다는 거다. 기사는 숙녀들을 존중해야 했다. 그러나 무엇보다 이상한 것은 적까지 존중해야 한다는 것이다! 잉글랜드 왕 에드워드 3세(1327년~1377년 재위)는 심지어 아서 왕 이야기에 나오는 원탁을 실제로 만들었다.

이제 기사의 싸움에도 규칙이 생겼다. 다른 기사에게 몰래 접근해서 등 뒤에서 찌르는 것은 비록 많은 수고와 문제를 덜어 주는 일이었지만, 그런 일은 없어졌다.

여러분은 정말 때려 주고 싶은 상대가 있다면, 먼저 싸움을 신청하고 시간과 장소를 합의해야 한다. 아무리 봐도 이건 좀 이상하게 느껴진다. 그러니까 이렇게 말하는 식이지. "저기요, 실례합니다만, 제가 젖 먹던 힘까지 다해 댁의 머리를 박살 내려고 하니까, 다음 주 목요일 정오에 강가 풀밭에서 절 만나 주시겠습니까?"

그러나 교장 선생님 의자에 압정 하나를 얹어 놓은 친구의 말처럼 '규칙은 깨뜨리기 위해 있는 것'이다.

번쩍거리는 갑옷을 입고 빛나는 영광을 차지하려고 또는 멋지게 죽으려고 용감하게 싸우는 기사에 관한 동화 따위는 잊어버려라. 진짜 끔찍하고 엽기적인 역사가 그렇듯, 중세 시대에

기를 쓰던 기사들의 대부분은 그 규칙을 지키지 않았다. 그들은 속임수를 썼다.

다음에 소개하는 12세기의 이야기는 잉글랜드와 웨일스 사이에 있는 러들로 성에서 전해지는 실제 이야기다. 우리는 기사라고 해서 모두 신사는 아니라는 사실을 알아야 한다. 또 처녀라고 해서 모두 나약하고 온순하지는 않다는 것도. 그리고 끔찍한 역사에서는 이야기가 반드시 행복하게 끝나지는 않는다는 것도…….

한밤의 공포

"여자?" 젊은 기사 조프리는 껄껄 웃었다. 지하 감방의 차가운 벽을 따라 웃음소리가 울렸다. "여자들은 날 사랑해. 그게 여자들 잘못은 아니지. 나는 잘 생기고 힘도 세고 용감하거든. 내 연인이 된다면 세상 그 어떤 여자도 황홀해할걸!"

쥐 한 마리가 그의 구레나룻을 홱 잡아당기다가 허둥지둥 밀짚 아래 있는 자기 집으로 돌아갔다.

젊은 기사가 말했다. "거기, 쥐 양반. 자네는 내 말을 믿지 않는 것 같군. 하지만 난 일주일 안에 여기서 탈출할 거야. 내가 나간다는 데 딱딱한 빵 한 조각을 걸지!"

감방 자물쇠에 열쇠를 넣고 딸각거리는 소리가 들리자 조프리는 홱 고개를 돌렸다. 그는 웃옷에 붙은 지푸라기를 털어 내고는 똑바로 앉아 미소를 지었다. 문이 열리더니 오트밀 죽 한 접시와 에일 맥주 한 잔을 든 처녀가 급히 들어왔다. 그녀는 지하 감방의 더러운 냄새에 코를 쥐더니 조심스레 음식을 바닥에 내려놓았다. 사슬에 묶인 이 남자가 손을 내밀어 잡을 수 있을 만큼 그녀가 가까이 다가오는 것은 이때뿐이었다. 갑자기 그의 사슬이 다그르르 소리를 내는가 싶더니, 그가 순식간에 손을 뻗쳐 처녀의 손목을 잡았다.

"꺅!" 여자가 소리를 질렀다.

"쉿!" 그가 재빨리 말했다. "잠깐만 그대로 있으시오, 매리언." 그가 나지막이 말했다.

"아버지가 이상하게 생각하실 거예요." 그녀가 불안해하며 말했다.

조프리는 재빨리 말을 이었지만 그 여자의 손목을 놓아 주지는 않았다. "어제 당신이 나가고 난 뒤, 러들로 성의 영주가 나를 보러 왔었소. 영주는 나에게 사흘의 시간을 주면서 이 성을 점령하기 위한 우리 계획을 털어 놓으라고 협박했소. 물론 나는 친구들을 배신할 생각은 없소."

"그러다가 사흘이 지나면 어떻게 되는데요?" 그녀가 물었다.

"사흘이 지나면 영주는 날 고문하겠지요. 우선 뜨겁게 달군 쇠를 내 얼굴에 누르는 것부터 시작해서……."

"맙소사!"

"그런 고통쯤은 참을 수 있소." 젊은이는 어깨를 으쓱했다.

"하지만 그런 고문을 받으면 내 얼굴은 망가질 거요. 그러면 어떤 처녀도 얼굴이 흉한 나하고는 결혼하려 하지 않을 거고. 아니면 영주가 내 눈을 후벼 팔지도 모르오……."

"안 돼요!" 그녀가 기겁하며 소리쳤다. "우리 영주님은 그렇게 잔인한 분이 아니세요."

포로가 된 기사는 한쪽 어깨를 으쓱했다. "두고 보면 알겠지요……. 적어도 당신은 두고 '볼' 수 있겠군요. 나한테는 두고

볼 수 있는 눈이 없겠지만!"

"어쩜 그런 얘기를 농담하듯 말씀하실 수 있으세요?" 그녀가 물었다.

"정말이오. 내 두 눈을 잃는다면 난 슬플 거요. 앞으로 다시는 아름다운 얼굴을 볼 수 없을 테니까. 당신처럼 아름다운 얼굴을."

그녀는 얼굴을 붉히며 그가 잡은 손목을 잡아 뺐다. 그러고는 황급히 감방 문을 닫고 나갔다. 젊은 기사는 씨익 미소를 지었다.

다음 날 그 처녀가 들어와 그 옆에 조용히 무릎을 꿇었다. 그녀는 허리춤에서 작은 열쇠를 꺼내 그 남자의 손목에 묶여 있던 쇠고랑을 풀었다. 그리고 고리에서 더 큰 열쇠 하나를 빼더니 그의 손에 쥐어 주며 나직히 말했다. "이 열쇠는 바깥문 열쇠예요."

남자는 부드럽게 그녀의 손을 잡았다. "고맙소, 매리언. 당신이 나를 구해 줬으니 내가 당신한테 목숨을 빚진 거요. 내가 그 빚을 갚는 유일한 길은 당신과 결혼하는 것이오."

그녀는 깜짝 놀라 그를 쳐다보았다. "나를 데리고 가시게 요?"

"오!" 그가 속삭였다. "아직은 아니요. 우선은 빠져나갈 시간이 필요하오. 당신은 여기 남아서 내가 탈출했다는 사실을 가능한 오래도록 들키지 않게 해 주시오. 일주일 뒤에 꼭 돌아오리다. 그리고 명심해요, 내가 돌아오면 당신이 할 일은……."

그날 밤 수도원의 종이 자정을 알릴 때 그는 달에 비친 성의 그림자 속을 몰래 빠져나가 아랫마을에서 말 한 필을 훔쳐 탔다. 한 시간 후 그는 러들로에서 16킬로미터까지 달아났다. 그리고 일주일 후, 그가 다시 돌아왔다.

그가 예상했던 대로 창에는 사다리가 늘어뜨려져 있었다. 튼튼한 가죽 사다리는 서쪽 탑의 위쪽 창으로 이어져 있었다. 그 창은 높아서 순찰하는 보초병들의 눈에 띄지 않았다.

조프리는 날쌔게 사다리를 올라갔다. 매리언이 그의 손목을 힘껏 붙잡고 그를 창문턱 위로 끌어당기고 있었다. 방에는 촛불 하나가 켜져 있었고 흥분한 조프리의 두 눈 속에도 촛불이 반짝였다. 매리언은 그에게 불안한 미소를 지어 보이고는 창으로 다가갔다. "어디 가는 거요?" 그가 물었다.

"이제 사다리를 내려가야지요. 당신과 함께 떠나려면." 그녀가 말했다.

그가 고개를 저었다. "그 전에 그 사다리를 올라오고 싶어 하는 방문객이 두어 명 더 있소." 조프리가 씨익 웃었다.

"방문객요?"

"내 친구들이요. 당신의 영주한테 복수하고 싶어 하는 친구들이지요."

한 남자의 얼굴이 창문 난간에 나타났다. 조프리가 그를 방 안으로 잡아끌었다. 그 남자는 두 번째 남자가 들어오도록 도왔고 다시 세 번째 남자를 도왔다. 5분 만에 그 방은 가죽 윗도리를 입고 부드러운 장화를 신고, 잔인한 칼을 가진 뻔뻔스러운 얼굴의 남자들로 북적거렸다.

"뭐 하시는 거예요?" 어리둥절한 그녀가 물었다.

조프리는 그녀의 말을 무시하고 등을 돌리고는 남자들에게 말했다. "보초병들을 죽이고 그 시체를 성벽 바깥으로 던져라. 그리고 다리를 내려라……."

"오늘밤 우리 아버지가 보초를 서고 계세요!" 매리언이 소리쳤다.

"보초병은 모조리 죽여야 한다." 조프리는 천천히 말했다.

"우리 기병들이 성에 들어와서 일을 마무리 지을 것이다."

매리언이 소리를 지르려고 입을 벌렸으나 목소리가 나오기도 전에, 조프리가 장갑 낀 투박한 손으로 입을 틀어막았다. 그는 마지막 남자가 방을 나가고 문을 닫을 때까지 숨이 막히도록 매리언의 입을 막고 있었다. "여자들은 바보라니까." 그는 매리언을 비웃었다.

그러나 조프리는 매리언의 입을 막고 있는 동안 그녀의 손까지 붙잡고 있지는 못했다. 매리언은 어느새 조프리의 허리춤에서 몰래 단검을 빼내 그 끝을 그의 갈비뼈 아래 지점으로 돌려놓고 있었다. 그녀는 젖 먹던 힘을 다해 단검을 찔렀다.

조프리의 입술이 파르르 떨렸다. 그의 눈은 고통보다 놀라움으로 가득했다. 조프리는 목으로 늦게 꾸르륵 거리는 소리를 내며 벽에 등을 부딪쳤다. 그리고 한 30초 정도, 옆구리에 박힌 단검을 힘없이 움켜쥔 채 서 있다가 천천히 바닥으로 미끄러졌다.

매리언은 문으로 달려가 성의 흉벽을 내다보았다. 어둠 속에서 사람들이 싸우는 소리, 저마다 굴러 떨어지면서 지르는 비명과 쿵 하고 성의 출입구 다리가 떨어지는 소리, 말들이 다가닥다가닥 지축을 울리며 성 안 마당으로 들어오는 소리가 요란하게 들렸다.

어지러운 비명들 속에서 한 남자가 통곡하는 목소리가 울려 퍼졌다.

"우리가 배신당했어. 배신당했다고."

매리언은 다시 방으로 돌아가더니, 죽은 채 쓰러져 있는 기사를 지나쳐 창문 난간 위로 올라갔다. "그래, 우리 모두 배신당한 거야." 그녀는 멍하니 말했다. 그러고는 거기서 몸을 앞으로 기울여 떨어졌다.

한밤의 깜깜한 아수라장 속에서 매리언의 작은 비명과 바위에 부딪혀 뼈가 바스러지는 소리를 들은 사람은 아무도 없었다.

요건 몰랐지?

성 안에 살던 사람들 중에서 배신당한 사람은 매리언만이 아니었다. 웨일스의 하버포드웨스트에서는 한 강도가 붙잡혀 감방에 갇혔는데, 그곳에서 그는 기사 훈련생들의 화살촉을 고쳐주며 주위의 환심을 샀다. 강도와 친구가 된 소년들은 그 강도가 신선한 공기를 쐬도록 허락해 달라고 영주에게 간청했다. 물론 자신들이 그 강도를 책임지겠다는 말과 함께. 그러나 강도는 그 소년들을 인질로 잡고 자기를 풀어 달라며 인질극을 벌였다. 소년들을 이용했던 거지.

성에서 떨어져 죽은 여자는 매리언 말고 또 있었다. 웨일스 국경 바로 너머 애버게이브니에서는 한 어린 소녀가 달아난 애완용 다람쥐를 잡으려다가 성에서 떨어졌다.

유쾌한 어릿광대

성 안의 생활이 항상 음침하고 암담하고, 서로 물고 물리는 체커판 같지는 않았다. 축제도 있었고 오락도 있었다. 사람들을 즐겁게 해 주던 대표적인 오락거리는 어릿광대의 곡예였다.

13세기의 한 작가가 쓴 글을 보면 어릿광대가 왕궁에서 일자리를 얻으려면 이런 기술을 갖추어야 했다는데…….

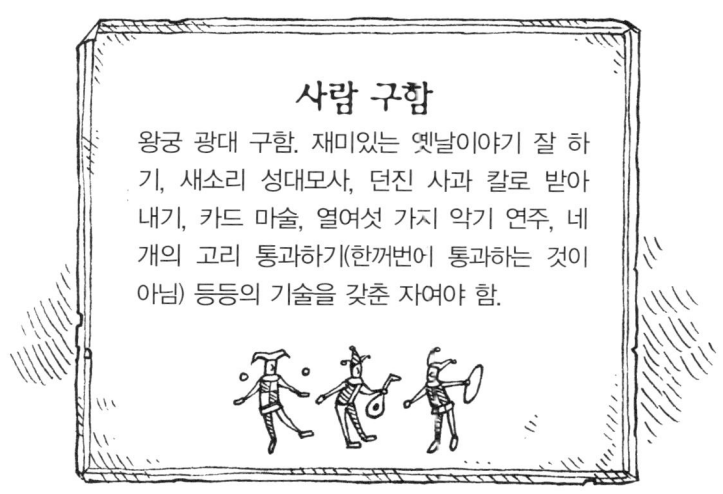

사람 구함

왕궁 광대 구함. 재미있는 옛날이야기 잘 하기, 새소리 성대모사, 던진 사과 칼로 받아내기, 카드 마술, 열여섯 가지 악기 연주, 네 개의 고리 통과하기(한꺼번에 통과하는 것이 아님) 등등의 기술을 갖춘 자여야 함.

어릿광대의 애교스러운 농담

어릿광대들은 또한 순간적인 재치가 있어야 했다. 백년 전쟁 초기에 벌어진 슬뢰이스 해전(1340)에서 치사한 영국 궁수들이 어찌나 많은 화살을 퍼붓던지 프랑스 군대는 갑판에 남아 있지 못했고 결국 프랑스 함대는 궤멸되었다. 그런데 프랑스 사람들은 국왕 필리프 6세에게 패전 소식을 전할 엄두를 내지 못했다. 그러자 어릿광대가 나섰는데…….

전하는 말에 따르면 물고기들이 프랑스군의 피를 너무 많이 먹어서 만약 물고기가 말을 한다면 프랑스어를 쓸 거라나!

엽기적인 이야기

중세 시대 성 안에서 사람들을 즐겁게 해 주던 이들은 어릿광대만이 아니었다. '민스트럴'이라고 불리던 연예인들도 있었다. 이들은 기사와 용, 기사와 숙녀가 나오는 기사들의 영웅담을 들려주곤 했다. 물론 중세 시대에는 만화가 없었지만, 아주 멋진 만화로 만들 만한 재미있는 이야기들이 넘쳐났다. 그 중 하나가 '르노와 파엘 부인'의 이야기다……

악명 높은 앙주 왕가

헨리 1세(정복 왕 윌리엄의 셋째 아들 말이다, 벌써 까먹진 않았 겠지?)의 뒤를 이어 그의 조카인 스티븐이 왕위에 오르면서 노르만 왕가의 마지막 왕이 되었다. 프랑스의 앙주 공작 헨리는 스티븐이 가진 잉글랜드 왕위를 탐냈다. 헨리는 성격이 좀 거칠었기 때문에 아무도 감히 그에게 맞서 뭐라고 하지 못했다. 심지어 스티븐 왕의 아들들까지도.

1154년에 늙은 스티븐 왕이 죽자, 앙주 공작 헨리가 헨리 2세로 왕위에 올랐다. 앙주 왕가의 첫 번째 왕이 된 것이다. 앙주 왕가는 플랜태저넷 왕가라고도 한다. 음, 앙주는 헨리의 출신 지역 이름을 말하는 거고, 플랜태저넷은 헨리의 성을 말하는 거니까 뭐 그게 그거지. 헨리에게는 잉글랜드를 좀더 살기 좋은 나라로 만들 반짝이는 아이디어가 많았는데, 그가 처음 정비한 것 중 하나가 법이었다. 그래서……,

- 고소당한 사람은 같은 계층의 사람들에게 재판을 받을 수 있었다. 배심원 제도랄까. (그러니까 여러분이 학교 급식으로 나온 카레를 어느 소녀의 목에 엎질렀다면 여러분이 유죄인지 아닌지 반 친구들에게 판단을 맡기는 것과 비슷한 거지.)
- 그러면 왕이 임명한 판사들이 그 죗값으로 어떤 벌을 내릴지 결정했다. (그러니까 선생님이 여러분한테 걸레로 그 소녀의 목에 묻은 카레를 닦아내고 더러워진 옷의 세탁비를 대신 내라고 결정하는 것과 같다. 알아들었지?)
- 용의자들을 심문하고 체포하는 '경찰관' 역할은 마을 사람들이 돌아가면서 맡았다. (앞으로 여러분들이 카레를 아무데나 흘

리지 않도록 급식 당번이 교실을 도는 것과 비슷한 거다.)

범죄의 대가

죄를 지으면 반드시 벌을 받는다고 하지? 이것은 살인, 반역, 도둑질 같은 짓을 꾸미는 사람들에게 법이 전하려 했던 바로 그 교훈이다. 정복 왕 윌리엄은 사형 제도를 폐지했는지 몰라도 그가 죽은 후 얼마 지나지 않아 사형 제도가 살아났다.

그렇지만 죄 지은 사람을 사형시켜도 사람들은 너무 빨리 그 사실을 잊어버렸고 범죄는 계속되었다. 그래서 법을 집행하는 관리들은 사람들이 알아서 행동을 조심하도록 일깨워 줄 방법이 필요했다. 이를테면 이런 식으로······.

나는 런던 다리에서 서너 명의 남자 머리가 장대에 꽂혀 있는 것을 보았다. 러드게이트 아치 위에는 사람 몸뚱이의 위쪽 4분의 1정도가 장대에 꽂혀 있었다. 맞은편에는 다리가 붙은 몸뚱이의 아래쪽 부분이 매달려 있었다. 머리에서 머리카락이 떨어져 나가고 얼굴이 오그라들고 코의 연골이 문드러지고 손가락이 주글주글해지면서 바짝 말라 뼈가 드러나는 것은 기기스러운 장면이었다. 그것은 모든 젊은이들에게 보이기 위한 것이었고 그들에게 행동거지를 조심하라는 경고였다.

이 멋진 글을 쓴 사람은 어느 학교 선생님이었다고! 이 선생님은 학생들에게 라틴어 연습 문장으로 이 글을 쓰게 했다. 물론 이 글에는 학생들에게 말하고 싶은 더 중요한 뜻이 담겨 있었지. "너희들, 선생님 말을 안 들으면 바로 이렇게 된다고!"

범죄의 재구성

헨리 2세의 법은 사실 잉글랜드의 가난한 사람들에게는 필요한 것이었다. 왕이나 귀족들끼리 서로 싸우는 동안에는 마을에서 세력을 휘두르는 사람들이 법을 자기 손아귀에 넣고 마음대로 주무르곤 했으니까. 중세 시대는 정말 거칠고 위험했던 시기였다. 그렇지만 범죄는 가난한 농민들만 저지르는 건 아니었거든…….

1. 전설 속 인물인 로빈 후드는 어쩌면 실제로 왕실 소유의 숲인 노팅엄셔의 셔우드에 살았을지도 모른다……. 물론 도널드 덕처럼 지어낸 인물일 수도 있고 말이지.

그러나 대도적 고슬린 덴빌은 진짜로 존재했다. 덴빌은 물려받은 유산을 탕진한 후 잉글랜드 북부에서 모두가 두려워하는 공포의 대상이 되었다. 남을 못살게 구는 폭력배들이 대부분 그렇듯 덴빌은 '만만한' 상대를 좋아했고 종종 수도원과 수녀원을 약탈했다. 결국 그는 요크셔에서 주 장관과 600여 명의 사람들에게 쫓겨 궁지에 몰리게 되었다. 그들은 덴빌에게 항복하라고 요구했다. 그 다음에 무슨 일이 벌어졌을까?

- 답은 69쪽에

2. 불쌍한 사람 괴롭히기로는 교회도 만만치 않았다. 수도원은 보통 넓은 땅덩어리를 가지고 있었는데, 가난한 농민들에게 땅을 빌려 주고는 소작료를 거둬들이기 위해 험악한 폭력배들을 고용했다. 1317년에 어느 수도원으로 가던 나그네를 폭력배들이 붙잡고서 목숨값으로 200파운드를 요구했다. 이 폭력배들에게는 특이한 점이 있었다는데, 그게 무엇일까?

3. 스코틀랜드의 한 사제는 금지된 흑마술을 하면서 한 남자를 제물로 바치는 의식을 올렸다. 사제는 그 대가로 두 손과 두 발이 잘리고 눈을 뽑히는 형벌을 받았다. 스코틀랜드의 친절한 왕 데이비드는 이 사제를 가엾게 여겨 왕궁 안에 사제가 지낼 곳을 마련해 주었다. 1114년 사제는 왕의 어린 아들을 죽여 왕의 은혜에 보답했다. 팔에 끼고 있는 의수의 쇠 손가락으로 아이를 찢어 버린 것이다. 데이비드 왕은 배은망덕한 사제를 찢어 죽이기로 결심했다……. 그런데 어떻게?

4. 도둑질과 공갈 협박에서는 드 폴빌 형제를 따라올 사람이 없었다. 그러나 유스타스 드 폴빌이 왕의 군대에 들어가게 되자, 그때까지 저지른 모든 죄를 사면받았다.

한편 동생 리처드는 사제였다. 한 의로운 법무관이 이 돈 많고 구린내 나는 리처드를 쫓았다. 결국 좀도둑질을 일삼던 리처드는 어느 교회로 피신하고는 그곳이 성역이라고 선포했다. 하느님의 건물인 교회 안에 있는 동안에는 아무도 자기를 건드릴 수 없다고 한 거지. 법무관은 성역의 규칙을 무시하고 리처드를 끌고 나와 그를 참수시켜 버렸다. 그 법무관은 범인을 처벌한 공로로 어떤 보상을 받았을까?

5. 스태퍼드셔의 로저 스위너턴 경은 살인죄로 고소를 당했다. 그가 사람을 죽이는 장면을 보았다는 목격자들도 여러 명 있었다. 로저 경은 풀려난 뒤 그 살인이 벌어졌던 스위너턴 마을로 돌아갔다. 로저 경은 그 다음에 어떻게 했을까?

6. 헨리 2세는 캔터베리의 대주교 토머스 베켓에게 진저리가 나 있었다. 그래서 그 대주교를 없애 버렸으면 좋겠다고 말했다. 왕의 뜻을 받들어 네 명의 기사가 베켓 대주교를 없애 버리기로 했다. 그들은 제단에서 겁에 질려 있던 베켓을 때려 죽였다. 헨리 2세는 겁이 났고 자기가 잘못했다고 생각했다. 그는 처벌을 받기 위해 살인 현장으로 갔고, 그 성당에 맨발로 걸어 들어가 기도를 올렸다. 그곳에는 수도사와 사제들도 몇 명 있었다. 그들이 헨리 2세를 어떻게 처벌했을까?

답:
1. 되먹지 못한 덴빌의 무리들은 200명을 죽인 후에야 겨우 항복했다.
2. 이 폭력배들은 모두 수도사들이었다! 그러나 그렇게 놀란 얼굴을 할 필요는 없다. 15세기에는 밀렵, 노상 강도, 가짜 동전 제조 등의 혐의로 교구 목사들이 체포되었다는 기록이 있다. 수도사들은 또 도박을 즐기고 선술집에서 술 마시는 것으로도 악명이 높았다. 1453년에는 두 명의 사제가 옥스퍼드의 한 남자를 폭행한 혐의로 체포되었다. 사제들이 그 남자를 때릴 때 함께 거들었던 사람이 어느 학교 선생님이었다나!
3. 팔과 다리에 각각 성질 사나운 말 한 마리씩 묶은 다음, 서로 다른 방향으로 가도록 해서 찢어 죽이는 형벌이다. 여러분이 다니는 승마 학교에서는 십중팔구 이런 짓을 하도록 허락하지는 않겠지만……. 그러나 역사적 연구라는 이름으로 한번 신청해 볼 가치는 있지 않을까, 물론 내 개인적인 생각이다.

4. 그 법무관은 성역 규칙을 깨고 사제를 죽였다. 법무관은 그 지역에 있는 교회마다 찾아다니며 교회 건물 밖에서 회초리로 맞는 벌을 받았다!
5. 그 살인자는 목격자들에게 몹시 화가 났다. 그래서 자기한테 불리한 진술을 한 대가로 50마르크를 내라고 강요했다.
6. 사제와 수도사들은 왕의 옷을 허리까지 벗기고는 저마다 돌아가면서 세 대에서 다섯 대까지 채찍으로 왕을 때렸다. (다 합치면 여러분이 엄마한테 꿀밤 맞는 횟수보다 훨씬 더 많다!)

별의별 처벌들

헨리 2세는 근대적인 법을 만들려고 애썼다. 그러나 법을 어긴 것에 대한 처벌은 여전히 구식이었고 확실히 쩨쩨했다.

화폐 위조법 - 존 스터브스
죄: 나라의 동전을 흉내 낸 가짜 동전을 만들어서 그것으로 먹을거리를 샀다.
처벌: 존 스터브스의 한 손을 나무토막에 묶어 놓았다. 손목 위에 고기 자르는 도끼를 올려놓고 손이 잘려나갈 때까지 망치로 도끼를 내려쳤다.
[한 손을 절단하는 것은 매우 드문 형벌이었으나 이 법은 1820년까지도 효력이 있었다.]

절도법 - 클래런던의 피터
죄: 중죄. 2실링이나 하는 비싼 말 한 필을 훔쳤다.
처벌: 윌트셔의 주장관은 구덩이를 파고 사제가 축복해 준 물을 그 구덩이에 채웠다. 그러고는 이 도둑을 웅덩이에 빠뜨렸다. 만약 도둑이 무죄이면 물에 빠질 것이다. 클래런던의 피터는 물에 떠올랐고 따라서 그는 유죄였다. 주장관은 그를 물 밖으로 건져 올린 뒤 처형시켰다.
[요크셔 주장관 래널프 글랜빌은 120명의 범죄자를 이렇게 죽였다.]

거지 - 첩사이드의 마틴
죄: 일할 수 있는 신체와 능력을 가졌는데도 돈을 구걸했다.
처벌: 사흘 밤낮 동안 차꼬를 채운 채 빵과 물만 먹으면서 시장에서 사람들의 구경거리가 되었다. 그런 다음에는 마을 밖으로 쫓겨나 다시 돌아오지 말라는 명령을 받았다. [친절한 튜더 왕가는 1504년 처벌 강도를 줄여 만 하루 동안만 차꼬를 채우도록 했다.]

폭행범 - 엘더필드의 토머스
죄: 노스웨이의 조지와 싸워 부상을 입혔다.
처벌: 조지와 결투를 벌이라는 판결을 받았다. 토머스가 패했고 법관은 조지의 가족들에게 토머스의 두 눈알을 뽑아 버리라고 명령했다. [기록에 따르면 토머스는 성 울프스턴에게 보내져 건강을 되찾았다. 도로 제자리에 끼워진 그의 눈은 기적적으로 회복되었다.]

암살범 - 애설 백작
죄: 1437년 스코틀랜드의 국왕 제임스 1세를 암살했다.
처벌: 사람들은 에든버러의 크로스로 그를 압송한 뒤 벌겋게 달군 쇠 왕관을 씌워 주고는 벌겋게 달군 족집게로 살가죽을 벗겼다.

거짓말쟁이 - 햄퍼드의 존
죄: 364년 그는 1만 명의 사람들이 런던 시 의원들을 죽이려고 모여들고 있다고 발표했다. 그 말에 사람들이 겁을 먹었고 아수라장이 벌어졌다.
처벌: 1년 동안 감옥에 갇혔다. 석 달에 한 번씩 감옥 밖으로 끌려나와 돌로 된 칼(목에 끼우는 형구)을 목에 두르고 가슴에는 '거짓말쟁이'라고 쓴 푯말을 붙이고 서 있었다.

매 발견자 - 리버스의 존
죄: 그는 자기 집 지붕에서 영주가 키우는 매를 발견했다. 그러나 이 사실을 영주에게 알리지 않았다.
처벌: 리버스의 존의 가슴에서 살 6온스를 발라내어 그 매에게 먹였다.

잔소리꾼 - 렁콘의 앤
죄: 사람들 앞에서 남편을 '악당', '사기꾼'으로 부르면서 잔소리를 하고 모욕했다.
처벌: 새장 모양의 '브랭크'라고 하는 쇠 재갈을 머리에 씌웠다. 이 도구에는 혀를 놀리지 못하게 입 안 가득 들어가는 쇠막대가 있었다. 앤은 말 위에 거꾸로 앉혀진 채 시장 안을 끌려 다니며 사람들의 웃음거리가 되었다.
[슈루즈버리에서는 1846년에 마지막으로 브랭크가 사용되었다.]

매 사냥꾼 헨리

매를 가진 영주들에게 매는 농민보다 더 가치 있는 존재였다. 14세기의 한 역사가는 헨리 2세의 고약한 버릇(신을 모욕하는 불경스러운 말을 자주 했다)을 이야기하면서, 신이 그에게 따끔한 교훈을 주었던 사건을 전해 주었다……

헨리는 재위 기간 초기에 그가 가진 가장 좋은 송골매를 보내 왜가리를 쫓도록 했다. 왜가리는 더 높이, 더 높이 원을 그리며 날아 올랐지만 날쌘 매에게 따라잡히게 되었다.
매가 거의 왜가리를 따라잡았을 때 헨리가 큰 소리로 외쳤다.
"신이 불쌍히 여기시든 화를 내시든 저 왜가리는 도망치지 못할 것이다. 아무리 신이 왜가리를 살려 주기로 결심하셨어도 말이다!"
그 말이 끝나기 무섭게 왜가리는 방향을 틀더니 마치 기적이 일어난 듯 매의 머리에 부리를 박고는 매의 골통을 부숴 버렸다. 왜가리는 털끝 하나 다치지 않았고, 죽어가는 그 매를 헨리 왕의 바로 앞 땅바닥에 내동댕이쳤다.

철퍽

헨리가 모욕한 건 신인데, 신이 왜 헨리를 죽이지 않고 애꿎은 매를 죽였는지 이상하지?

즐거운 존

앙주 왕가의 초기 왕들은 노르만 왕가의 초기 왕들과 비슷했다. 헨리 2세는 아들들인 리처드 1세, 조프리, 헨리와 싸웠다. 그러나 이번에는 아들들의 편에 어머니 엘리너가 있었다. (헨리 2세는 배신한 아내를 길들이기 위해 그녀를 16년 동안 가두었다!)

헨리가 가장 아끼던 아들은 존이었다. 사랑하는 존마저 나머지 세 형제들과 한 편임을 알았을 때 늙은 왕 헨리는 크게 마음 아파했고, 그러다가 죽었다.

리처드가 왕위를 이어받았다. 리처드는 사자처럼 용감해서 웬만해서는 마음 다치는 일이 없었다. 그래서 사자심왕이란 별명이 붙었다. 리처드는 십자군 원정에 나섰다가 포로가 되었다. 그러자 동생 존이 나라를 돌보았고, 왕실의 돈을 쓰면서 리처드의 왕위를 빼앗을 계획들을 세웠다.

돌아온 리처드는 존을 용서했다. "넌 아직 어린 아이에 불과해." 존은 이렇게 말했다. 그러고는 또 다른 전투에 나섰는데, 정말 친절한 건지 몰라도 이번에는 죽음을 당했다. 존이 왕이 되었다! 그러나 존은 중세 시대를 통틀어 가장 지리멸렬했던 왕 가운데 한 명이었다. 존은 좋은 옷, 맛난 음식, 멋진 여자친구들을 좋아했다. 그리고 사람들을 골려 주는 걸 즐겼는데……,

- 존은 아일랜드 공들의 기다란 수염과 민속 의상을 대놓고 비웃었다. 아일랜드의 지도자들은 심기가 불편했다.

- 존은 자기 사촌누이와 결혼했다. 캔터베리 대주교가 이 결혼을 반대하자 존은 교황에게 연락해 대주교를 꼼짝 못하게 만들었다. 캔터베리 대주교는 화가 났다.
- 존은 왕이 되긴 했지만 형인 조프리의 아들 아서 때문에 마음이 놓이지 않았다. 존은 프랑스의 브르타뉴 공작인 아서를 살해할 음모를 꾸몄다. 아서가 왜 프랑스에 있냐고? 앙주 왕가는 노르만 왕가처럼 잉글랜드를 다스리면서도 프랑스에 땅이 많았거든. 어쨌거나 프랑스 왕 필리프 2세는 존에게 화가 나서 전쟁을 선포했다. 그러나 아서는 죽어서 화를 낼 수 없었다.
- 존은 교황의 뜻을 거스르며 캔터베리 대주교로 새로운 사람을 임명했다. 교황도 화가 났다.
- 존은 프랑스와 싸우기 위해 잉글랜드 백성과 귀족들로부터 엄청난 세금을 거두었다. 전쟁은 패배했고 귀족들은 화가 났다. 결국에는 이런 사태가 벌어지는데…….

마그나 카르타

귀족들은 백성에게 권력을 돌려주라며 존 왕에게 압력을 넣었다. 즉 백성이 동의하지 않는 한 세금도 거두지 말고, 전쟁도 하지 말고, 법을 집행하지도 말라는 것이었으니…….

하지만 이것은 〈앗, 이렇게 생생한 역사·고전이!〉에서나 볼 수 있는 황당한 난센스임을 부디 잊지 말도록. 따분한 선생님께서는 여러분에게 이렇게 설명할 거다. 마그나 카르타는 라틴어로 '대헌장'이라는 뜻이라고.

존 왕은 맛난 것 실컷 먹고 좋은 옷 실컷 입으며 살다가 세상을 떴다. 그러나 중세 시대 음식들은 정말 형편없었다. 자칫 존 왕은 잘못 마신 물 한 잔 때문에 그냥 죽을 수도 있었을걸!

먹을까 말까, 먹을거리

중세 시대에는 먹어도 되는 것과 먹으면 안 되는 것에 관한 규칙을 교회가 정했다. 13세기가 시작될 때까지도 어른들은 '네 발 달린 동물의 신선한 살코기'를 먹지 못하게 되어 있었다. (이 부분을 동네 정육점 앞에서 소리 내어 읽고 주인아저씨 표정을 살펴보라.) 그리고 금요일에는 누구도 고기를 먹어서는 안 되었다. 금요일에는 생선만 먹을 수 있었다.

문제는 사람들이 몰래몰래 규칙을 어겼다는 거다. 사람들은 '네 발 달린 동물의 신선한 살코기'를 먹을 수 없으면 커다란 새들을 먹었다. 당시는 아직 칠면조가 발견되지 않았을 때였으므로, 사람들은 느시라는 들칠면조를 잡아먹었다. 그래서 어떻게 됐을까? 잉글랜드에서 느시가 멸종했다!

금요일에 붉은 살코기가 먹고 싶다고? 그러면 비버를 먹어라. 비버는 꼬리를 흔들어 헤엄을 친다. 그렇다면 비버는 물고기라고 할 수 있겠지……. 안 그런가? (그게……, 실은 그렇지 않다.) 그래서 어떻게 됐을까? 영국에서 비버가 멸종했!

그러나 이 무렵에 살기 힘들었던 것은 느시와 비버만이 아니었다. 1393년에 프랑스의 한 요리책은 고슴도치를 먹으라고 권하고 있었다. 껍질을 벗겨 깨끗이 다듬어서 닭고기처럼 구워 먹으라는 거다. 물론 그 시대에 고슴도치를 잡기는 지금보다 더 어려웠다. 고슴도치들이 길 한가운데서 '나를 밟아 주세요' 하고 기다리지는 않았을 테니까. 또 모르지, 실제로 그런 녀석들이 있었는지도!

특별 요리 한턱

중세 시대 유럽 사람들에게 알려지지 않았던 먹을거리는 칠면조 말고 또 있었다. 감자라는 것은 아예 없었다. 상상해 보라, 감자 칩과 감자튀김이 없는 세상을!

물론 중세 시대에도 끔찍한 양배추는 있었다. 하지만 학교 급식으로 나오는 양배추는 잊어버려라. 땀에 젖은 양말 냄새가 나는 희끄무레한 회색의 물컹물컹한 줄거리 말이다. 다음의 양배추 수프 요리법을 따라해 보고 중세 시대 사람들이 과연 여러분보다 맛있는 음식을 먹었는지 의심해 보자······.

양배추 수프

재료
- 양배추 600그램 (잎을 뜯어 길쭉하게 썬다.)
- 양파 225그램 (껍질을 벗겨 잘게 다진다.)
- 대파 225그램 (흰 부분을 고리 모양으로 얇게 썬다.)
- 소금 1/2 티스푼
- 코리앤더 가루 1/4 티스푼
- 계피가루 1/4 티스푼

- 설탕 1/4 티스푼
- 사프론 1/4 티스푼 (향신료인 사프론은 조금 비싸다. 안 넣어도 된다. 카레가루 1/2 티스푼을 대신 사용해도 된다.)
- 물 850밀리리터
- 고형 닭고기 육수 큐브 하나 (채식주의자인 경우에는 야채 육수 큐브 하나)

조리법
1. 냄비에 물을 넣어 끓이고 고형 육수 큐브를 으깨 넣는다.
2. 사프론, 계피, 코리앤더, 소금, 설탕을 넣고 젓는다.
3. 끓는 냄비에 채 썬 양배추, 다진 양파, 어슷하게 썬 대파를 추가한다.
4. 냄비 뚜껑을 덮고 중불에 20분 동안 끓인다.
5. 그릇에 담고 1센티미터 크기로 작게 썬 토스트나 구운 베이컨을 잘게 썰어 위에 뿌려서 낸다.

여기서 중세 시대 조리법과 다른 부분이 딱 한 군데 있다. 원래는 '양배추를 오전 내내 끓인다'고 되어 있다. 사실 중세 시대 양배추는 지금보다 훨씬 더 질겼기 때문에 그럴 필요가 있었다. 그러나 요즘 양배추를 오전 내내 끓였다가는 딱 학교 급식으로 나오는 양배추 수프가 되겠지.

달콤한 음식들도 있었냐고? 부자들은 입에 넣을 수 있는 설탕이란 설탕은 모조리 먹었다……. 물론 설탕으로 이가 다 썩을 때까지 말이다. 그리고 지금은 매우 드물지만 그 당시 인기 있었던 한 가지 맛이 있었다. 다름 아닌 장미 맛이었다.

다음의 장미 푸딩을 만들어 보고 맛이 어떤지 직접 알아보자. (중세 시대 요리사들에게는 믹서가 없었지만, 여러분 집에는 있을 것이다. 집에 믹서가 있는 사람은 편리하게 그걸 사용해도 좋다. 다만 장미꽃잎에서 진딧물을 깨끗이 씻어내지 않는다면 심각한 건강상의 문제가 생길 수도 있으니 조심할 것.)

장미 푸딩

재료
- 활짝 핀 장미의 꽃잎 (깨끗이 씻는다.)
- 옥수수 녹말. 스푼을 평평하게 깎아서 4테이블스푼
- 우유 275밀리리터
- 백설탕 양념통으로 50개 분량
- 생강 간 것 3/4 티스푼
- 계피 3/4 티스푼
- 싱글크림 575밀리리터
- 소금 약간
- 대추야자 10개 (씨를 빼서 잘게 다진다.)
- 잣 1테이블스푼 (있으면 넣는다.)

조리법
1. 장미꽃잎을 물에 넣어 2분간 끓인다.
2. 장미꽃잎을 키친타월 사이에 넣고 무거운 것으로 누른다.
3. 옥수수 녹말을 냄비에 넣고 천천히 우유를 부으면서 내내 잘 저어 준다.

4. 냄비를 불에 올려놓고 녹말물이 걸쭉해질 때까지 따뜻하게 데운다.
5. 내용물을 믹서에 따르고 설탕, 계피, 생강, 장미 꽃잎을 넣는다.
6. 골고루 매끈해질 때까지 (또는 진드기가 두통을 앓을 때까지) 믹서를 돌린다.
7. 크림과 소금을 넣어 다시 믹서를 돌린 다음 혼합물을 도로 냄비에 붓는다.
8. 내용물이 걸쭉한 크림처럼 될 때까지 저으면서 가열한다.
9. 대추야자와 잣을 넣어 섞은 뒤 2분 동안 더 가열한다.
10. 유리잔에 넣어 식힌다. (더껑이가 생기지 않도록 계속 젓는다.)
11. 냉장고에 넣었다가 굳으면 바로 꺼내 부모님께 가져다 드린다. 그리고 깜짝 놀라게 만든다……. 다만 정원의 소중한 장미꽃을 땄다는 말씀은 드리지 않는 것이 좋다.

술 취한 총각들

중세 시대에는 모두가 에일이라는 맥주를 마셨다. 몇몇 지저분한 큰 도시에서는 물을 마시는 것보다 이 맥주를 마시는 편이 훨씬 안전했다.

사람들은 특별한 행사를 앞두고 특별한 맥주를 빚어 두었다가 대개는 술꾼들에게 돈을 받고 팔았다(요즘 사람들은 특별한 날이니까 공짜로 마실 거라고 기대하겠지만). 그래서 남자는 결혼하게 되면 '신부 맥주'를 빚곤 했다. 결혼식에 온 손님들은 저마다 맥주를 받을 큰 잔을 들고 왔고 그렇게 맥주를 판 돈은 신부에게 들어갔다.

오늘날 결혼식에 참석했는데 이런 말을 들었다고 상상해 보자. "다 같이 샴페인 잔을 들고 신부를 위해 건배합시다. 그리고 잊지 말고 신랑 들러리의 모자에 5파운드짜리 지폐를 꼭 넣어 주세요!" 세상에 그렇게 쩨쩨한 결혼식이 또 있을까!

장례식은 특별한 맥주를 마실 수 있는 또 하나의 인기 행사였다. 시체도 종종 특별 맥주 값을 내곤 했다……. 보통은 그 사람이 죽기 전에 내는 것이었지만. 장례식은 시체 옆에서 맥주 마시기를 좋아하는 술꾼들에게는 특히나 인기 있는 행사였다.

이런 술잔치에 불만이 많았던 교회는 술을 금지하려고 했다. 그러나 사람들이 술을 너무 좋아했기 때문에 교회는 어쩔 수 없이 이런 결정을 내렸다. "그들을 이길 수 없다면 그들과 한패가 되라." 그래서 그들은 '교회에서 빚은 맥주'란 뜻의 처치야드 에일을 만들었고 그 술을 팔아 교회 건물을 보수할 돈을 마련했다!

　대장원의 영주는 일 년에 세 번 정도 술을 담갔다. 장원 일꾼들에게 비싼 값에 그 술을 팔려는 속셈이었다. 일꾼들에게 그 술값은 따로 더 내야 하는 일종의 세금 같은 것이었다.

　그러나 때로 영주는 마을 총각들에게 도전하듯 한턱 대접하곤 했다. 총각들은 원하는 만큼 실컷, 공짜로 술을 마실 수 있었는데……, 두 발로 서 있을 수 있는 한 공짜였다. 만약 술에 취해 주저앉아 버리면 돈을 내야 했다.

먹을까 말까, 먹을거리에 관한 사실들

1. 런던 시 안에서는 푸주한이 동물을 도축시키는 것을 금지시켰다. 푸주한들이 프란체스코회 수도원의 바깥 도로에 도축한 동물의 내장을 던졌기 때문이다. 윈체스터의 한 푸주한은 자기 가게 바깥의 도로 위에서 암소를 도축했다. 15세기 코번트리의 요리사들은 부엌 창문을 통해 길거리로 닭 내장을 던졌다.

2. 푸주한들은 촛불 아래서 고기를 팔 수 없었다. 그 이유는 컴컴한 촛불 아래서는 손님들이 어떤 고기를 골랐는지 확인할 수 없었기 때문이라고! 한 남자는 시궁창에서 발견한 죽은 돼지의 고기를 팔려고 하다가 붙잡혔다. 그 남자는 칼을 쓰고서, 그의 코 밑에서 썩은 고기를 태우는 형벌을 당했다. 이런 벌은

이런 종류의 사기죄에 흔히 적용됐다.

3. 큰 도시에는 맛있는 개똥지빠귀 (1페니에 두 마리)와 군침 도는 뜨거운 양 족발을 파는 테이크아웃 요리점이 있었다. 이들은 심지어 요리한 음식을 집에 배달해 주기까지 했다. (양 족발이 스스로 자기를 배달해서…… 여러분의 집까지 성큼성큼 걸어가지 않았을까?)

4. 커다란 맥주잔을 들고 선술집에 가면 '성난 모자', '천사의 음식', '용의 젖', '미친 개 맥주(미친 개를 물게 될 만큼 독한)' 등을 마실 수 있었다. 그러나 이것들은 엘리너 러밍의 맥주보다 안전했다. 러밍은 암탉을 키웠는데, 암탉들이 술을 빚는 통 위의 횃대에 앉아도 내버려 두었다. 닭똥은 맥주 안으로 떨어졌고 엘리너는 그 맥주를 그냥 휘휘 저어 팔았다.

5. 술 위에 떠 있는 많은 '이물질' 때문에 술 마시기가 고약할 수도 있었다. 13세기 한 작가는 어떤 맥주는 수프처럼 걸쭉하고 건더기가 있다고 투덜댔다. "그것은 마시는 것이 아니라 이 사이로 건더기를 걸러내는 것이었다." (1478년 잉글랜드 왕 에드워드 4세는 동생 클래런스를 포도주 통에 빠뜨려 죽였다. 어쨌든 술에 원 재료가 아닌 다른 것이 들어갔으니 이물질인 거지!)

6. 많은 도시에서는 빵의 품질을 검사했고, 먹을거리를 가지고 사기 치려는 제빵사들에게는 벌을 주었다. 빵에 모래를 섞어 넣었다가 들통 난 제빵사들도 있었다. 역겨운 일이지만 빵에 거미줄이 들어 있기도 했다.

7. 가정주부들은 종종 집에서 빵 반죽을 만든 뒤 제빵사에게 가져가 빵을 구워 달라고 했다. 그런데 여기서 교묘한 술책을 쓰는 제빵사들도 있었다. 이들은 주부가 가져온 반죽을 카운터 위에 놓는다. 카운터에는 작은 뚜껑문이 있고 그 아래 한 소년이 있다. 제빵사가 그 아줌마와 수다를 떠는 사이, 소년은 뚜껑문을 열고 반죽 한 줌을 떼어낸다. 이 쩨쩨한 제빵사는 그렇게 훔친 반죽들로 빵을 구워 사람들에게 팔았다. 아줌마는 자기가 가져왔던 양보다 적은 만큼을 가지고 돌아가지만, 빵을 구워 준 대가로 제빵사에게 돈을 냈다. (만약 제빵사의 짓이 들통 나면 그는 하루 동안 칼을 썼다. 반죽을 훔친 소년이 붙잡혀서 벌을 받았다는 기록은 없다.)

8. 하인들은 주인처럼 길게 늘어지는 소매의 옷을 입는 것이 금지되어 있었다. 이것은 하인이 자기처럼 근사해 보이는 것을 싫어했던 주인들 때문에 생긴 법인데……, 한편으로는 하인들이 수프 접시를 내려놓을 때 길게 늘어진 소맷자락이 수프에 빠지기 때문이기도 했다!

9. 16세기 튜더 왕가의 헨리 8세는 엄청난 튜더식 연회로 유명했다. 그러나 일찍이 1467년에도 그에 못지않은 푸짐한 연회들이 있었다. 워릭 백작 리처드는 자기 동생이 요크 대주교가 된 것을 축하하기 위해 파티를 열었다. 60명의 요리사가 황소 104마리, 돼지 2,000마리, 양 1,000마리를 잡았고 13,000

가지의 맛난 요리를 만들었다. 이 엄청난 요리를 먹다가 손님들이 목이 마를 경우에 대비해 300개의 커다란 통에 맥주를 빚었고 포도주도 100통 준비했다.

10. 농민들은 베이컨을 먹었다 겨울마다 돼지 한 마리를 잡아 소금에 절이는 것이 쉬웠기 때문이다. 채소를 직접 가꿀 수 있었던 농민들은 채소도 먹었다. 그래서인지 귀족들이 베이컨이나 채소를 먹는 모습은 좀처럼 볼 수 없었다!

탐탁지 않은 식탁 예절

어린이들에게 식탁 예절을 가르치는 책들도 있었다. 그런데 불행히도 글을 읽을 줄 아는 어린이들은 많지 않았다. 이해하기 쉽게 그림이 들어간 책이 있었으면 훨씬 좋았을 테지만.

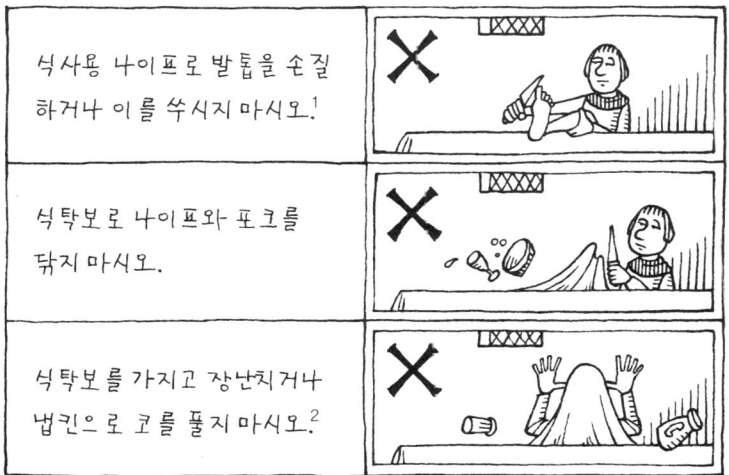

1. '마치 벼룩을 더듬어 찾는 것처럼' 식탁에서 머리를 긁는 것 역시 예의 없는 행동이다.
2. 그러나 식탁에서 코를 후비는 것은 흔한 일이었다.

1. 식탁에서 트림하는 것은 가능했다…….
   다른 사람 얼굴에 너무 가까이서 하지만 않는다면.
2. 그리고 다른 사람의 접시에서 음식을 슬쩍 훔쳐 먹어도 안 되었다.

환장할 화장실

중세는 매우 냄새 나는 시대였다. 사람들은 쓰레기를 길거리에 함부로 내다 버렸다. 푸주한들은 동물을 잡아서 고기를 팔고는 쓸모없는 내장은 거리에 내던졌다. 시의회는 거리를 청소하라는 별난 법을 통과시켰고 런던 시는 도시 서부의 플리트 강 위에 공중 화장실을 만들었다.

한 작가는 "화장실 변기마다 엉덩이로 채워져 있었다."고 썼다. 그래서 그 아래의 강을 지나가는 뱃사공은 늘 조심했다!

이번 주에만 벌써 나룻배 세 척과 바지선 한 척에 명중시켰어.

그러나 화장실 때문에 골치 아픈 사람은 사공들만이 아니었다. 가정집 화장실들도 문제가 있어서 사람들이 피해를 입었다. 1321년 런던 시 의회는 토머스 와이트와 윌리엄 호켈이란 사람을 법정에 세웠는데……,

판사는 에브게이트 골목길은 원래 모든 사람이 다니는 길이었으나 와이트와 호켈이 각각 화장실을 지으면서 길이 폐쇄되었다고 판단했다. 골목 양쪽에 이 두 집의 화장실이 벽면에서 튀어나와 있어서 인간의 배설물이 지나다니는 사람의 머리에 떨어지곤 하기 때문이다.

그러나 모두가 깔끔 떨며 자기 집 화장실을 지은 건 아니었다. 많은 사람들은 동물과 한 방을 쓰면서 동물처럼 생활했다.
심지어 1515년에도 네덜란드의 한 화가는 지저분한 영국의 집을 보고 이렇게 불평하고 있었는데……,

물론 알뜰살뜰한 가정주부들은 가족들의 오줌을 따로 받아 두었다. 요걸 모았다가 빨래할 때 쓰면 요긴하거든! 주부들은 나무를 태운 재에 고기에서 나온 지방을 넣고 끓여서 비누를 만들었다. 오줌은 아주 독해질 때까지 그대로 저장했다가 나중에 빨래할 때 섞으면 일종의 표백제 역할을 했다.

(주의: 만약에 머리를 탈색하고 싶은 사람은 오줌을 쓰느니 약국에 가서 탈색제를 사는 게 낫다. 돈은 조금 더 들겠지만 적어도 여러분 몸에서 고장 난 화장실 냄새는 나지 않을 테니까.)

냉가슴 앓은 랭커스터 왕가

잉글랜드 앙주 왕가의 마지막 왕은 리처드 2세였다. 그는 힘이 없고 나약했기 때문에 1399년 그의 사촌인 헨리한테 밀려 왕위에서 쫓겨나도 주변에서 뭐라고 하는 사람이 없었다. 헨리 랭커스터는 헨리 4세가 되었다. 그의 머리에는 어찌나 이가 많았던지 사람들은 그의 머리카락이 자라지 않을 거라고 생각했다. 헨리 4세는 정말 이가 들끓고 형편없었지만…… 냉가슴 앓았던 랭커스터 가문이 배출한 몇 명의 왕 중에서 첫 번째였다.

문제는 그의 손자인 헨리 6세 역시 비실비실한 왕이었다는 거다. 왕이 힘이 없으면 힘센 귀족들에게 왕위를 놓고 싸워 달라고 애걸하는 거나 다름없었다. 1453년 헨리 6세가 정신이 이상해지자 그 틈을 타서 요크 가문이 왕위를 노렸고, 그렇게 랭커스터 가문과 요크 가문의 권력 다툼이 시작되었다.

공교롭게도 두 가문을 상징하는 문장은 똑같이 장미였다. 랭커스터 가문은 붉은 장미였고, 요크 가문은 흰 장미였다. 30년 동안 치고 박고 피 터지는 싸움을 벌인 끝에 '붉은 장미' 편에

섰던 헨리 튜더가 '흰 장미' 리처드 3세를 물리쳤고, 영리하게도 '흰 장미' 엘리자베스 요크와 결혼했다. 이것으로 두 가문의 싸움은 막을 내리게 되었다. 그동안 벌어진 수많은 싸움들을 통틀어서 '장미 전쟁'이라고 한다.

중세 시대는 중요한 전투로 시작되어 중요한 전투로 끝난다……. 그리고 그 사이에는 여러 차례의 다른 전투가 있었다. 만약에 그 전투들에서 패자가 승리했다면 역사는 뒤바뀌었을지 모른다.

절박한 전투들

오늘날의 전쟁은 기계끼리의 싸움이다. 레이저 유도 미사일, 탱크, 잠수함, 폭탄, 폭격기, 정찰기들이 서로 싸운다. 군인 한 명이 단추 하나만 누르면 수백만 명의 사람을 죽일 수 있고, 군인은 자기가 죽인 피해자들을 아예 보지 않는 경우도 있을 수 있다.

그러나 중세 시대에는 사람들이 직접 치고 박고 싸웠다. 적어도 서로가 화살이 날아가 닿는 거리에서 싸웠던 것이다. 전장에는 피가 낭자했고 잔인한 일이 넘쳐났으며 어이없는 일도 많았다.

그러나 전투 중에 흥분하다 보면 실수를 저지르기도 쉬운 법이다. 단순한 결정 하나로 승리와 패배가 뒤바뀌는 일이 종종 있었다. 만약에 여러분이 전투를 지휘했다면 역사는 어떻게 바뀌었을까? 여러분이 어두컴컴 중세 시대의 유명한 다음 전투들에 참가했다면 어떻게 했을까?

1. 1066년 10월 14일, 헤이스팅스 전투

군대 :
잉글랜드의 국왕 해럴드 대 노르망디 공 윌리엄의 전투. 노르만족의 정복 과정 중에 벌어진 첫 번째 주요 전투이다. 노르만족은 이 전투에서 이겨 잉글랜드의 지배자로 자리를 굳혔다.

전투 :
- 오전 9:00. 해럴드 왕의 잉글랜드 군대가 센렉 언덕에 앉아 있다. 몸은 피곤하지만 언덕을 방어하는 입장이 되어 기뻐한다.
- 노르만 군대가 3열 공격대형을 펼친다. 맨 앞이 궁수, 그 다음이 보병, 마지막으로 말 탄 기사들이 따른다.
- 노르만 군대의 첫 번째 공격이 실패한다. 궁수들은 언덕 위로 화살을 쏘아 날리지만 잉글랜드군이 방패로 손쉽게 화살을 막아낸다.
- 노르만 보병들이 전진한다. 그러나 잉글랜드군이 창과 돌멩이를 던져대자 후퇴할 수밖에 없다(그러나 잉글랜드군에는 궁수가 몇 명 없다).
- 노르만 군대는 뒤로 돌아 허둥지둥 언덕을 내려간다. 해럴드 왕이 여러분에게 돌아서서 이렇게 묻는다. "이제 어떻게 하지?"

여러분은 해럴드 왕에게 뭐라고 말하면 좋을까?

2. 1314년 6월 24일, 스코틀랜드 스털링 근처 배넉번

군대 :

잉글랜드의 국왕 에드워드 2세 대 스코틀랜드의 로버트 브루스의 전투. 이 전투에서 로버트가 이겨 스코틀랜드는 잉글랜드로부터 독립을 되찾았다.

전투 :

- 로버트 브루스의 스코틀랜드군 40,000명이 마지막 남은 잉글랜드군의 요새인 스털링 성을 포위하고 있다. 그래서 잉글랜드 왕 에드워드 2세는 이들을 쫓아 버리기 위해 60,000명의 잉글랜드 병사들을 보내 지원한다.

- 스털링 성을 향해 점점 다가가던 잉글랜드군은 배넉번 강의 늪지대에 스코틀랜드군이 진을 치고 있음을 보게 된다.
- 스코틀랜드의 보병들은 끝에 도끼날과 창날이 붙은 기다란 장대로 무장하고 있다. 이것은 파이크라는 무기이다.
- 이들이 매우 촘촘하게 무리를 짓고 있으므로 기사들이 돌격한다면 마치 금속 가시를 가진 고슴도치와 마주치는 꼴이 된다.
- 에드워드의 기사 2,000명은 그 파이크들을 향해 돌격하려 하지만, 우선은 늪지를 지나기 위해 근처 오두막들의 문짝을 떼어다가 나무판으로 길을 만들어야 했다.

여러분이라면 에드워드 왕한테 뭐라고 충고할까?

3. 1346년 8월 26일, 북프랑스 크레시

군대 :

잉글랜드 왕 에드워드 3세 대 프랑스 왕 필리프 6세의 전투. 백년 전쟁이 시작된 지 10년 만에 잉글랜드가 처음 승리를 거둔 주요 전투이다.

전투 :

- 에드워드 왕의 병력 18,000명 중에는 4,000명이 못 되는 무장 기병들이 있다. 그가 맞닥뜨린 필리프의 프랑스 군대에는 12,000명의 기병을 비롯해 38,000명의 병력이 있다.
- 잉글랜드군은 작은 언덕에서 기다린다. 프랑스군은 개울을 건너와 언덕 위쪽을 공격해야 한다(그러나 적의 기병들에게는 이것쯤은 아무런 문제도 아닐 것이다).
- 양쪽 군대가 서로 대치하는 동안 마침 소나기가 쏟아진다. 잉글랜드 궁수들은 그들의 대궁에서 시위를 빼내 젖지 않도록 한다. 프랑스 궁수들은 석궁을 사용하지만 시위가 흠뻑 젖어 석궁이 아무 소용없게 된다.
- 다시 해가 나오면서 프랑스군의 눈을 정면으로 비춘다. 프랑스군은 적군을 선명하게 볼 수가 없다. 다만 잉글랜드 궁수들이 선두에 있는 것이 보인다.
- 잉글랜드 궁수들 뒤에는 기사들이 말에서 내려 기다리고 있다. 잉글랜드 기사들이 제 시간에 말에 올라타고 프랑스 기사들을 격퇴시키는 것은 불가능하다!

여러분은 필리프 왕에게 뭐라고 충고할까?

> 내일까지 기다리십시오. 병사들은 지쳤고 비가 온 후라 개울이 불어 흙탕물 늪이 되었습니다. 아군의 부족한 석궁으로 적의 궁수들을 공격하지 못하겠지만, 적의 궁수들은 우리 기병이 적의 기사들에게 도착하기도 전에 우리 기사들을 쏘아 쓰러뜨릴 것입니다.

> 2단계 공격작전을 쓰십시오. 우선은 석궁 궁수들을 앞으로 보내어 적의 궁수 대열에 구멍을 내게 합니다. 그 다음에는 그 틈새로 말 탄 기사들을 보내 땅에 서 있는 적의 기사들 무찌르는 겁니다. 폐하의 군대가 훨씬 우세하기 때문에 적군을 패배시키는 것은 일도 아닙니다.

4. 1485년 8월 22일, 잉글랜드 레스터, 보즈워스 들판

군대 :

잉글랜드 국왕인 요크 가문 출신의 리처드 3세 와 랭커스터 가문의 헨리 튜더 사이에 벌어진 전투. 장미 전쟁의 마지막 전투로 이 전쟁에서 승리한 헨리 튜더가 잉글랜드 왕이 되면서 튜더 왕조가 시작된다.

전투 :
- 리처드 3세의 지휘로 왕의 군대는 높은 지점을 먼저 차지하는 데 성공한다. 그는 앰비언 언덕 꼭대기에 도착해서 적군을 기다린다.

- 헨리의 군대가 있는 언덕의 발치는 땅이 험해서 대열을 형성하는 데 애를 먹는다.
- 리처드 3세는 적군이 전열을 가다듬는 사이에 적을 공격할 수 있지만, 그에게는 두 가지 문제가 있다.

    a) 스탠리 경이 지휘하는 제3의 군대가 근처에서 기다리고 있다. 스탠리 경은 리처드를 위해 싸우기로 약속한 사람이다……. 그런데 스탠리 경은 헨리 튜더를 위해서도 싸우기로 약속했다!

    b) 리처드 3세의 부하 지휘관인 노섬벌랜드 백작이 후방 부대를 맡고 있지만 왕은 그를 믿지 못한다.

여러분이라면 국왕 리처드 3세에게 뭐라고 충고할까?

답:

1. 헤이스팅스 전투 해럴드 왕은 병사 'A'의 충고를 따르고…… 패배하게 된다. 일단 잉글랜드군이 언덕을 내려가자 노르만 군대는 평평한 땅에서 방향을 틀어 그들을 공격한다. (일부 역사학자들은 이 '삼십육계 줄행랑' 전술이 잉글랜드군을 높은 곳에서 내려오게 만들기 위한 유인책이었다고 생각한다.) 그 작전이 통한다. 노르만 궁수들은 새로 공급받은 화살을 당겨 공중 높이 쏘아 올린다. 잉글랜드군이 방패를 머리 위로 올려 막는 사이 노르만 기병들이 정면에서 공격한다. 해럴드 왕은 병사 'B'의 말을 듣고 그 자리에 머물러 있어야 했을 것이다. 그는 눈에 화살을 맞는 부상을 당했고 이어서 노르만 기사의 칼에 쓰러진다. 노르만인들은 이제 잉글랜드를 다스리게 된다.

2. 배넉번 전투 에드워드 왕은 병사 'B'의 충고를 따르고…… 패배한다. 기사들은 자기들이야말로 전장에서 가장 중요한 병사들이라는 자부심을 가지고 있고 로버트의 군대를 먼저 공격하는 영광을 누리고 싶어 한다. 궁수들은 フ의 써먹지도 못 한다. 끙끙거리며 늪지를 건넌 기사들은 스코틀랜드군이 말들을 넘어뜨리기 위해 곳곳에 구덩이를 판 뒤 덫을 놓았다는 사실을 비로소 알게 된다. 대규모 공격이 벌어지기는커녕 잉글랜드 기사들은 비틀거리며 스코틀랜드의 파이크 병들을 향해 나아간다. 그러나 도리어 반격을 당해 후퇴하다가 진창이 된 개울에 빠져 죽기 일쑤다. 에드워드 2세는 달아나고 그의 군대는 왕을 쫓아 달아난다. 스코틀랜드는 잉글랜드의 지배에서 해방된다.

3. 크레시 전투 필리프 왕은 'B'의 충고를 따르고…… 패하게 된다. 석궁 궁수들은 화살을 날리지만…… 잉글랜드의 대궁 궁수들이 비처럼 쏘아대는 엄청난 화살들을 맞는다. 그들은 당황에서 뒤로 물러서고…… 앞으로 나오던 자기 편 기사들의 말발굽에 짓밟힌다. 강력한 대궁은 프랑스군의 갑옷에 구멍을 뚫는다. 말들과 기사들이 쓰러지고, 거기에 발이 걸려 더 많은 말들과 기사들이 비틀거린다.

몇몇 기사들이 그 아수라장을 뚫고 나가 보지만 말에서 내려 서 있던 잉글랜드 기사들에게 둘러싸여 결국 끌어 내려진다. 프랑스 병사 1만 명이 죽고 필리프 왕은 목에 화살을 맞는 부상을 당하지만 가까스로 살아서 도망친다. 잉글랜드 왕은 자신이 프랑스 왕임을 선포할 수 있게 된다.

4. 보즈워스 전투 리처드 3세는 병사 'A'의 충고를 따르고…… 패한다. 그는 헨리 튜더의 군대가 가장 약할 때 공격할 기회를 놓친다. 헨리 튜더의 병사들은 언덕 꼭대기에 있는 왕의 군대에게 타격을 주기 위해 대포와 화살을 사용한다. 리처드 3세의 병사들은 언덕 꼭대기에서 내려가 헨리의 병사들과 일대 일로 싸운다. 리처드 3세가 노섬벌랜드 백작에게 새로운 병력을 이끌고 앞으로 나서라고 명령하지만, 노섬벌랜드 백작은 거절한다. 리처드 3세가 직접 전장의 선봉에서 헨리 튜더에 대한 공격을 지휘한다. 스탠리 경은 지금이야말로 전투에 합류할 시점이라고 생각한다. 리처드 3세가 아닌 헨리 튜더의 편에서. 리처드 3세는 패하고, 전투 중에 죽은 두 번째이자 마지막 잉글랜드 왕이 된다. 헨리 튜더가 왕관을 차지하고 장미 전쟁이 끝난다. 많은 역사학자들이 이 사건을 중세 시대의 종말로 여긴다.

요건 몰랐지?

서퍽 공작은 랭커스터 왕가의 왕 헨리 6세의 시종이었다. 그러나 그가 이끌던 군대가 프랑스군과 싸워 패하자 그는 죽어야 했다. 헨리 6세는 충성스러운 친구를 처형시키고 싶지 않아서 그를 유배 보내기로 했다. 서퍽 공작은 배를 타고

입스위치를 출발했지만 그리 멀리 가지 못했다.

도버 해협에서 적군이 그를 따라잡았고, 그를 작은 배에 태우고는 녹슨 칼로 그의 머리를 베어 버렸다.

(경고: 여러분 동네의 연못에서는 절대로 이 행동을 흉내 내지 말 것. 녹슨 칼로 누군가의 머리를 베었다가는 그 사람이 무시무시한 패혈증에 걸릴 수도 있다.)

가소로운 가수들

모두가 전쟁을 무서워했던 건 아니다. 전쟁이 주는 흥분을 즐기는 사람도 있었다. 베르트랑 드 보른은 음유시인이었다. 그러니까 중세 시대의 대중가수라고나 할까? 그의 최고 히트송 가운데 하나가 피비린내 나는 이런 노래였는데……,

내 가슴은 행복에 겨워 부풀어 오르네
막강한 성이 공격받고 튼튼한 성벽이 무너지는 걸 볼 때마다
부서진 그 성벽에서 병사들이 죽어 땅 위로 추락하고
주인 잃은 말들이 정처 없이 들판을 헤매는 걸 볼 때마다
전의가 끓어오르기 시작하면, 그대, 모든 고상한 사내들이여
머리와 팔을 부수는 데 모든 의지를 집중할지어다
패자로 살아가느니 전투에서 죽는 편이 낫다네
정말이지 나의 최대 기쁨은 이런 소리를 듣는 것이라네
"진격! 진격!"
사방에서 들리는 그 외침과 기사 잃은 말들의 비명
"살려 주세요! 살려 주세요!"
쓰러진 부상자의 신음 소리

도랑 속에 풀 위에 크고 작은 것들이 쓰러지는 것을 볼 때마다
구멍 뚫린 시체들을 볼 때마다 황홀해지네!
그러니 기사들이여, 그대의 성을 포기하고
그대의 땅을 버리고 그대의 도시를 패배시켜라
그러나 왕들이시여, 간청하나니 절대로
영원히 전쟁은 포기하지 마시라

애처로운 여자들

중세 시대 교회는 남자가 여자보다 훌륭하다고 가르쳤다. 이것은 사제들이 남자였다는 사실과 관계가 있었을 것이다!

여자들은 결혼할 때까지 가족 중의 남자들에게 복종해야 하며, 결혼한 후에는 남편에게 복종해야 한다고 배웠다. 오늘날까지도 여자들은 결혼할 때 남편을 사랑하고 존중하며 남편에게 순종하겠다고 서약하지 않는가! 중세 시대에는 아내가 남편 말에 고분고분 순종하지 않으면, 남편이 아내를 때려야 한다고들 부추겼다. 다만 남편이 술에 취했거나 홧김에 아내를 때리는 것은 금지했고, 아내가 '맞을 짓을 했을' 경우에만 가능했다. 실제로 이탈리아에는 이런 속담이 있는데……,

사제인 로베르 다브리셀은 한 술 더 떠서 이렇게 말했다.

그 사제가 여자들을 무척 싫어했다는 건 말 안 해도 알겠지? 그런데 문제는 남자들이 그의 말에 귀를 기울였고, 그의 말을 믿었고, 또 그의 사악한 말 때문에 여자들을 몹시도 학대했다는 사실이다.

여자들에게는 화장품을 바르는 것, 머리를 염색하는 것, 눈썹을 뽑는 것은 모두 죄악이라고 가르쳤다. 사제들은 이런 것들은 '허영심' 때문이며, 이런 짓을 하는 여자들은 지옥에 가게 될 거라고 말했다. 어쨌거나 여자들은 그런 것들을 했다.

그러던 14세기, 사제들에게 걱정이 하나 더 늘었다. 남자들이 알록달록 멋진 옷을 입는가 하면, 점점 더 그 '뱀이자 역병이고, 들쥐이자 뾰루지, 독약'인 여자들을 닮아가는 게 아닌가! 무엇보다 남자가 저지를 수 있는 가장 나쁜 짓은 여자처럼 행동하는 것이었다. 그것은 죄악이었다. 그래서 교회는 이런 짓들에 눈살을 찌푸리기 시작했다…….

패륜적 패션들

탁발 수도사, 수도사, 사제들은 14세기의 이런 패션에 대해 가차 없는 막말들을 쏟아냈다.

유행을 쫓는 남자들은 외투를 벗어 던지고 다리에 쫙 달라붙는 타이즈를 입기 시작했다. 게다가 멋쟁이 청년들은 윗도리인 튜닉을 아주 짧게 입었다. 급기야 한 작가는 타이즈를 입으면 '감춰져 있어야 할 신체 부위'가 드러난다고 투덜거렸다!

여자들은 뾰족 모자를 쓰다가 정말로 태워 버렸다. 그러나 쩨쩨한 토마 사제가 세상을 뜨자, 그 전보다 훨씬 더 높은 뾰족 모자를 쓰기 시작했다······.

귀족들만 좋은 옷을 입을 수 있다는 여러 나라의 법은 바로 중세 시대에 통과되었던 법이다. 농민들이 값비싼 옷을 입고 다녀서는 안 되었다. 그랬다가는 사람들이 그를 보고 농민이 아닌, 더 훌륭한 다른 사람으로 착각하게 되니까!

대부분의 법은 여자들의 옷차림을 단속하기 위한 것이었다. 예를 들어 여성은 두꺼운 밑창이 있는 구두를 신어서는 안 된다는 식의 법이 통과되었다. 대체로 남자들은 온갖 별의별 모든 방법을 동원해 여자들이 자기에게 '순종'하게 만들었다. 이를 테면 메나지에 드 파리라는 사람이 아내에게 했던 말처럼······.

> 주인에게 기쁜 마음으로 순종하는 개를 본받도록 하시오.
> 개는 주인이 채찍으로 때려도 꼬리를 흔들면서 주인을 따르잖소.

> 그러다가 주인을 물지.

당연한 일이지만 여자들은 메나지에가 기뻐할 만큼 늘 온순했던 것만은 아니다. 중세 시대 여자들은 매우 힘들고 고생스럽게 살았다. 그러나 더러는 현실에 저항해서 싸우는 여자들도 있었다. 몇몇 여자들은 정말이지 여장부였다······.

여걸 만세
잔 드 클리송

1313년 프랑스의 군인 올리비에 드 클리송은 프랑스의 단려왕 필리프 4세의 명령으로 처형되었다. 단려왕이란 '꽃미남 왕'이라는 뜻이다. 올리비에의 아내인 잔 드 클리송은 필리프 4세가 꽃미남은커녕 부당한 왕이라고 판단하고 직접 왕에게 보복하기로 결심했다. 우선 그녀는 자기가 가진 모든 땅을 팔아 돈을 마련했다. 잔은 그 돈으로 세 척의 전함을 샀고, 전함을 검은 색으로 칠하고 붉은 돛을

달았다. 제독이 된 잔은 필리프 4세의 선박들을 파괴하고 선원들을 살해하기 시작했다……. 그렇지만 선원 두세 명은 항상 살려 두어서, 그 이야기가 반드시 왕에게 전해지도록 했다. 어쨌거나, 그것은 나름대로 잔에겐 즐거운 일이었다!

필리프 4세는 머지않아 죽었다. 때문에 잔은 흥미를 잃을 수도 있었지만, 그녀는 프랑스 왕위를 잇달아 물려받을 필리프의 아들들을 상대로 계속 복수하기로 했다. 13년에 걸쳐 피어린 복수를 한 뒤, 필리프의 마지막 아들이 죽자 잔은 은퇴했다. 전하는 말에 따르면 그녀는 프랑스 귀족들이 탄 배를 골라 사로잡기를 좋아했으며, 배를 정복하고는 귀족들의 머리를 도끼로 직접 베어 버렸다고 한다. (고기잡이배에서 잡은 고기의 머리를 베는 일은 있었을 것이다. 그러나 잔의 배는 사람을 죽이는 사람잡이 배였다.)

잔의 희끄무레한 혼은 아직도 클리송 성의 성벽 위를 걸어 다닌다. 그러니 이름이 필리프 또는 필립이거나 필립과 관계가 있는 사람은 그곳에 가지 말 것!

마르차 오르델라피

이탈리아 사람인 프란체스코는 같이 지내기가 쉽지 않은 성미 고약한 사람이었다. 마르차는 그런 남편과 함께 살았다. 1358년 프란체스코의 아들은 아버지의 요새 하나를 포기해야 한다고 아버지에게 주장했다. 프란체스코는 아들의 제안을 못마땅하게 생각하여 아들을 칼로 찔러 죽였다.

자식을 죽인 이 살해범은 몇 년 후 아내 마르차에게 이탈리아 북부의 도시 체스나를 방어해 달라고 부탁했다. 현명한 아

내 마르차는 당연히 적에게 항복해야 한다는 말은 아예 꺼내지도 않았지……. 적어도 남편이 다른 도시를 방어하기 위해 떠날 때까지는 말이다.

마르차는 체스나의 시의원 한 명이 적과 내통하며 항복 문제를 의논하고 있다고 의심했다. 그녀는 그 의원을 체포해서 목을 베어 버렸다. 시의원이 다시는 다른 사람과 떠벌리지 못하게 하는 확실한 방법이었다. 그런 다음, 마르차는 포위망을 뚫고 가족들과 함께 탈출했다.

몽포르 부인

1341년 프랑스 브르타뉴 공의 후계자 자리를 놓고 벌어진 한 전투에서 장 드 몽포르 백작이 포로가 되자, 그의 아내가 군사 지휘권을 이어받았다. 몽포르 백작부인은 군대를 모았지만 그것과는 별개로, 직접 나서 싸우는 것을 좋아했다. 백작부인은 자신이 있는 도시인 엔봉이 포위당하자, 직접 중무장을 한 채 말을 타고 병사들을 지휘했다. 화살이 빗발치듯 쏟아지고 있었으나 백작부인은 병사들이 흩어지지 않도록 이끌었다. 그리고 엔봉의 여자들에게는 걸치적거리는 치마를 짧게 잘라 버리라고 명령했다. 그렇게 해서 여자들은 펄펄 끓는 타르가 든 단지와 돌을 들고 성벽의 총안까지 빠르게 올라가 적의 머리 위에 퍼부을 수 있었다.

포위 공격을 하던 적군이 지친 사이 몽포르 백작부인은 비밀 문을 통해 군사들을 이끌고 그 도시를 빠져나갔다. 그들은 적을 빙 돌아 적의 뒤쪽에서 공격했고 적군의 절반을 쓰러뜨렸다. 포위전은 막을 내렸고 엔봉은 무사했다.

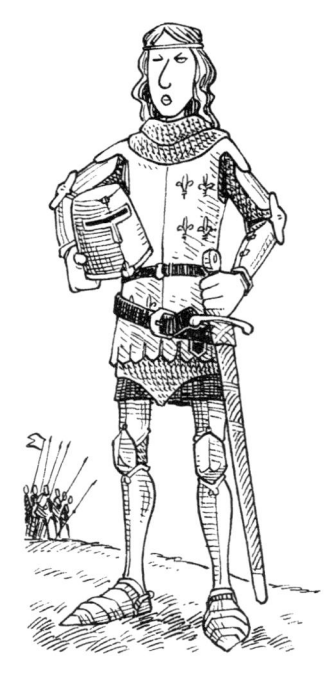

장 드 몽포르는 적에게서 탈출해 서둘러 전사 아내가 있는 집으로 돌아왔다. 그 겁쟁이는 그래서 어떻게 했을까? 아내를 도왔을까? 군사 지휘권을 이어받았을까? 아내에게 고맙다고 뽀뽀해 주었을까? 천만에! 그는 죽었다! 남을 배려하는 마음이라곤 하나도 없는 사람이지?

몽포르 백작부인은 아들을 위해 전쟁을 계속했다. 나중에 그녀는 미쳐서 잉글랜드군에게 사로잡혔고 30년 동안 갇혀서 세상과 떨어져 지내다가 숨을 거두었다.

잔 라 퓌셀

처녀 잔은 프랑스 농민의 딸이었다……, 확실하지는 않지만 십중팔구는 그렇다는 의견이다! (바보 같은 몇몇 역사학자들은 실은 그녀가 프랑스 왕비의 딸이었다고 주장한다!)

잔은 어느 날 천사의 목소리를 들었다. 프랑스 군대를 이끌고 잉글랜드 침략군과 맞서 싸워 승리하라는 거였다. 사실 그건 승산이 거의 없는 일이었지만 어쨌든 그녀는 그렇게 했다.

1429년 잔은 석궁에 맞아 부상당한 몸으로 오를레앙을 포위하고 있던 잉글랜드군을 무찔렀다. 불행히도 잔은 프랑스의 또 다른 적, 잉글랜드를 지원하던 부르고뉴까지 이기지는 못했다. 부르고뉴인들은 잔을 체포해서는 영리하게 그녀를
잉글랜드군에게 팔아넘겼다. 잉글랜드들은 잔을 병사로 처형할 수 없어서, 그녀를 마녀로 몰았다. 그리고 기둥에 묶어 화형시켰다. 그들이 잔에게 씌운 커다란 죄목이 뭐였을까? 남자 복장을 하고 다닌 죄였다!

잉글랜드인들은 결국 전쟁에서 졌다. 그 스무 살 어린 처녀한테 그렇게 비열하고 쩨쩨하게 굴었으니 그래도 싸다. 그 소녀는 세상에 잔 다르크로 알려졌다.

잉글랜드의 이사벨라

이사벨라는 잉글랜드 왕 에드워드 3세의 딸이었다. 늙은 에드워드 왕에게 결혼하지 않은 어린 딸은 요긴한 협상 도구였다. 에드워드 3세는 3살 된 이사벨라를 스페인의 잔인왕 페드

로와 약혼시켰다.

이사벨라한테는 다행히도 그 약혼이 결혼으로 이어지지는 않았다! 이사벨라가 열다섯 살이 되자, 에드워드 3세는 딸을 루이 드 말 백작에게 시집보내기로 했다. 사실 이때 에드워드 3세의 잉글랜드군은 프랑스의 크레시에서 전투를 치르고 있었는데, 이 전투에서 루이의 아버지가 죽음을 당했다. 그러니 루이 드 말 백작은 원수인 잉글랜드 왕의 딸과 결혼하고 싶을 리가 없다. 백작은 이렇게 말했다. "싫어!"

주변 사람들은 그가 이사벨라와 결혼하겠다고 말할 때까지 그를 가두어 버렸다. 감옥에서 몇 달을 보낸 후 루이는 결국 뜻을 굽혀 감옥에서 풀려났다. 물론 루이는 여전히 심한 감시를 받았다. 사람들의 말로는 루이가 "감시인한테 알리지 않고는 오줌도 마음껏 눌 수 없었다"고 했다. (재미있는 걸!) 결혼식을 올리기 얼마 전, 루이는 매사냥을 나가서 왜가리 한 마리를 쫓았는데…… 프랑스 국경을 넘을 때까지 멈추지 않고 계속 쫓았다! 탈출해 버린 거지……. 결국 이사벨라는 그렇게 버림받았다.

그러나 이사벨라는 심지가 단단한 처녀였다. 4년 후 그녀는 또 다른 젊은이인 베라르

달브레에게 시집가기로 약속했다. 프랑스에서 올릴 결혼식에 가기 위해 돛을 올리려는 순간, 이사벨라는 마음을 바꾸어 집으로 돌아갔다.

그녀는 베라르를 웃음거리로 만들어 버렸다. 아니, 정확히 말해서 베라르를 수도사로 만들어 버렸다. 불쌍한 베라르는 얼마나 상심이 컸던지 아예 여자를 끊기로 작정하고는 수도원에 들어가 버렸다.

요건 몰랐지?

14세기에 신성 로마 제국의 황제였던 루트비히 4세의 딸이 결혼했다……. 하지만 결혼 서약에서 "네"라는 대답을 한 사람은 딸이 아닌 루트비히 자신이었다. 어떻게 된 일일까? 루트비히의 딸이 너무 어려서 아직 말을 못 했기 때문이었다.

그녀가 커서 벙어리가 되자, 사람들은 이렇게들 수군거렸다.

"이것은 루트비히가 어린 아기였던 딸을 결혼시킨 게 잘못이라는 신의 계시라네."

그렇지만 왜 그 소녀가 대신 고통을 받았을까? 루트비히를 벙어리로 만드는 것이 더 낫지 않았을까?

어린이도 어려워

중세 시대 여자들이 고생하며 살았다면, 어린이들은 어떻게 살았을까? 여러분이 중세에 태어났다면 지금 그 나이까지 살 수 있었을까? 아마도 아닐걸! 중세 시대 어린이들이 어땠는지 한번 보자……

잔인한 시대

1. 부모들은 아이가 5살이나 6살이 될 때까지 아이들에게 거의 정성을 쏟지 않았다. 어쨌거나 아이들은 십중팔구는 죽게 마련이었으니까. 1살이 될 때까지 살아남은 아이는 3명 중 1명 꼴이었다. 10살이 될 때까지 살아남은 아이는 겨우 10명 중 1명에 지나지 않았다. 그 당시에는 생일 케이크 초를 만드는 사람이 없었다. 형편이 이러니 일거리가 충분할 리 없었다!

2. 중세 시대의 부모들이 다 쩨쩨했는지 모르지만, 앵글로색슨족 부모들은 그나마 조금 나아서 아이들에게 신경을 썼다. 앵글로색슨족 사이에서는 금요일에 태어난 아이가 비참한 삶을 산다고 믿는 사람이 많았다. 그래서 그들은 아기가 금요일에 태어나면 그 아기가 불행하게 살지 않도록 일찌감치 죽여 버렸다! 더러는 갓난아기를 지붕 꼭대기나 나무 위 같은 위험한 장소에 놓아 두고 아기를 '시험' 하기도 했다. 만약 아기가 울면 그 아기는 겁쟁이였으므로 죽여 버렸다. 만약 아기가 웃으면 살려 주었다. (그래도 너무 많이 웃다가는 나무에서 떨어질 테니 어쨌든 죽는 건 똑같았지!)

3. 그러나 중세 시대 아이들에게 삶은 여전히 매우 힘들고 모질었다. 어쩌다 운 좋게 흑사병을 피했다고 해도 아이들을 노리는 것은 그뿐만이 아니었다! 1322년 버나드 드 얼론드의 어린 딸은 아버지의 가게에서 놀고 있었다. 지나가던 돼지가 그 가게 안으로 들어와서는 그 아이의 머리를 물어 죽였다. 진짜 돼지 같은 놈이지!

4. 부유한 집안에 태어난 아이들은 유모가 키웠다. 유모들은 아기들이 팔다리를 놀리지 못하게 포대기로 꽁꽁 싸맸다. 이렇게 하면 아기의 다리가 곧게 자란다고 생각했던 것이다. 그러나 실제로는 아기가 다리 운동을 못 해 1년이나 2년만 지나면 다리 힘이 약해져 버렸다.

5. 반면에 농민 집안에 태어난 아기들은 걸음마를 배울 때까지는 아예 입을 옷이 없었다. 엄마는 걷기 전의 아기를 화덕 앞에 눕혀서 몸을 따뜻하게 해 주었다. 호기심 많고 기어 다니는 아기들은 자칫 통구이가 될 수도 있었겠지! 그러나 얌전히 누워 있는 아기들도 사고를 당할 수 있었다. 실제로 옛날에는 이런 법이 있었다는데……,

그런 사건을 다룬 법이 있었다는 얘기는 실제로는 그런 일이 아주 많았다는 얘기와 같다. (잘못은 남편한테 있는 것 같은데 왜 아내가 벌을 받아야 하냐고? 지금 중요한 건 그 얘기가 아니잖아!)

6. 중세 시대 부모에게는 이렇게 하고, 저렇게 해라 하며 충고해 줄 안전사고 예방기관이 없었다! 부모들은 어린 아기를 두는 장소에 관해서는 아무 생각 없이 부주의했던 경우가 많았다. 캔터베리에서는 강가에 뉘어 둔 몇몇 어린 아이들이 물에 빠져 죽었다. 또 다른 경우로 한 궁수가 활쏘기를 연습하던 도중 공교롭게도 그곳에서 놀던 아이를 맞히는 사고가 있었다.

7. 무엇보다 가장 심한 건 거지들이 자기 아이의 팔다리를 부러뜨리는 일이었다. 절뚝거리고 몸이 뒤틀린 불쌍한 아이에게는 사람들이 인정을 베풀 거라고 계산했던 것이다!

8. 작가들은 부모가 아이한테 너무 다정하게 대하면 안 된다고 주장했다. 어린이는 무조건 부모를 존경해야 했다. 한 소년은 자기 아버지한테 이런 말로 인사했다고 하는데……,

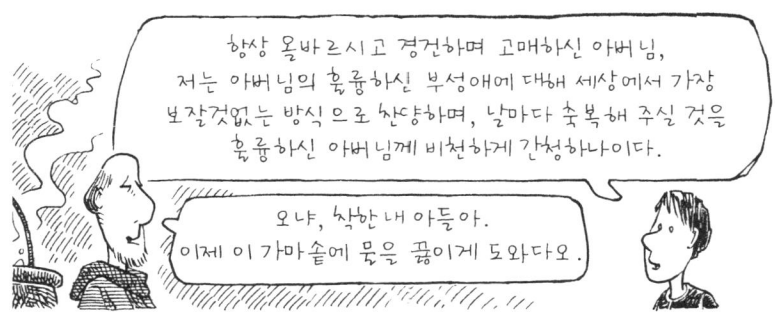

(만약 여러분이 용돈을 올려 달라고 부탁할 계획이라면 아빠한테 이렇게 말하는 것도 괜찮은 방법이겠지?)

9. 중세 시대 여자아이들은 웃지 말아야 했다. 아이로 사는 것만도 힘든데 여자아이의 경우 웃으면 더욱 살기가 힘들었기 때문이다. 여자아이가 지킬 행동거지를 다룬 어느 책에는 이렇

게 씌어 있다. 여자아이는 너무 큰 소리로 웃지 말 것, 욕지거리 하지 말 것, 너무 빨리 걷지 말 것, 너무 크게 하품하지 말 것, 갑자기 어깨를 휙 틀어 돌아보지 말 것! 게다가 말 안 듣는 말썽 꾸러기 여자아이를 다루는 방법에 관한 글도 있었다…….

딸이 반항을 하거나
머리를 깊이 숙이지 않는다면,
딸이 못된 짓을 한다면,
욕을 하거나 주먹을 쓰지 마라.
다만 커다란 회초리를 들고
연거푸 때리기만 하라.
딸이 자비를 구하며 울고
자기 잘못을 깨달을 때까지.

사실 이것은 중세 시대 말기에 쓰인 어느 시의 한 구절이다. '훌륭한 아내는 어떻게 딸을 가르쳤나'라는 제목의 시인데, 말할 것도 없이 이 시를 쓴 사람은…… 남자였다!

한편 중세 시대 영주들에게는 시중드는 소년 10명이 있었다. 이 소년들은 영주가 식사를 하는 동안 성의 큰 방에서 꼼짝도 하지 않고 '얼음' 상태로 있어야 했다. 15세기의 한 책에는 이렇게 씌어 있다…….

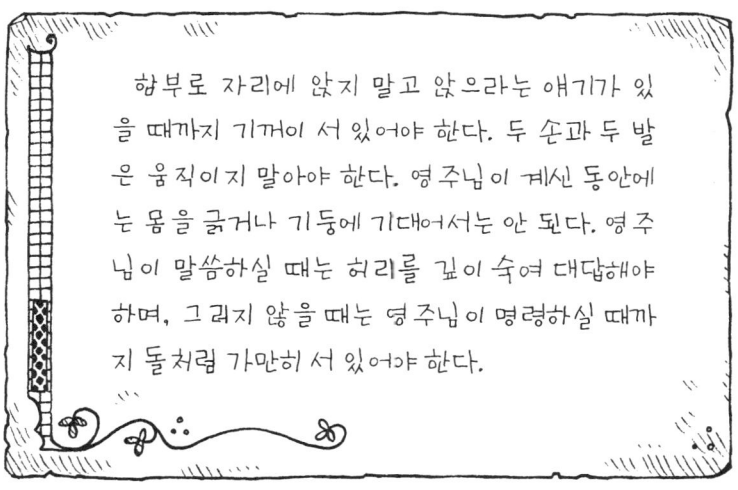

함부로 자리에 앉지 말고 앉으라는 얘기가 있을 때까지 기꺼이 서 있어야 한다. 두 손과 두 발은 움직이지 말아야 한다. 영주님이 계신 동안에 는 몸을 긁거나 기둥에 기대어서는 안 된다. 영주님이 말씀하실 때는 허리를 깊이 숙여 대답해야 하며, 그러지 않을 때는 영주님이 명령하실 때까지 돌처럼 가만히 서 있어야 한다.

마치 오늘날 학교 조회할 때 선생님께 듣는 소리 같지? 말이 나왔으니 말인데, 중세 시대 학교 얘기를 해 볼까?

학교 – 좋은 소식
- 여러분 집이 가난하다면 학교에 다니지 않아도 되었다……. 여자아이들도 마찬가지였고.
- 대부분의 사내아이들은 7살부터 14살까지만 학교에 다녔다.
- 숙제 같은 건 전혀 없었다.
- 받아쓰기도 없었다. 글자는 자기가 쓰고 싶은 대로 썼다.

학교 - 나쁜 소식

- 쉬는 시간이 아예 없었다. 짧은 점심시간만 있을 뿐.
- 실수를 하면 매를 맞았다. 보통은 자작나무 회초리로.
- 종이와 교과서는 여러분 돈으로 직접 사야 했다. 옛날에는 이런 게 아주 비쌌거든.
- 그리고 물론 학교 규칙인 '교칙'이라는 게 있었는데……,

교칙…… 이 정도는 괜찮다?

13세기 웨스트민스터 학교에는 아래와 같은 규칙이 있었다.

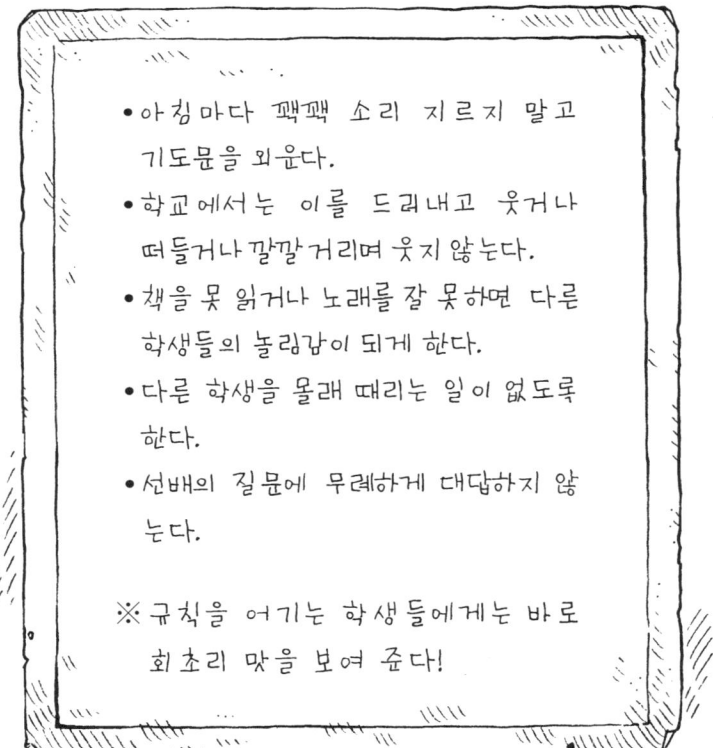

- 아침마다 꽥꽥 소리 지르지 말고 기도문을 외운다.
- 학교에서는 이를 드러내고 웃거나 떠들거나 깔깔거리며 웃지 않는다.
- 책을 못 읽거나 노래를 잘 못하면 다른 학생들의 놀림감이 되게 한다.
- 다른 학생을 몰래 때리는 일이 없도록 한다.
- 선배의 질문에 무례하게 대답하지 않는다.

※ 규칙을 어기는 학생들에게는 바로 회초리 맛을 보여 준다!

지금까지는 그다지 나쁘지 않다고? 뭐, 회초리로 맞는 것만 빼면 지금 여러분이 다니는 학교의 교칙과 크게 다를 게 없는 것 같다.

하지만 여러분이 라틴어를 배우면 라틴어로 말해야 했다. 편하다고 학교 밖에서 사람들이 쓰는 언어를 썼다가는, 그러니까 영국 학생이 영어로, 프랑스 학생이 프랑스어로 말했다가는 낱말 하나에 한 대꼴로 회초리를 맞았다. 상상해 보라. 여러분이 친구한테 "네 책 좀 빌려도 돼?" 하고 우리말로 말했다가는 최고 다섯 대까지 맞는다니, 정말 쩨쩨하기 짝이 없지!

그 밖에도 이상한 규칙들이 있었다. 그렇지만 이런 규칙들이 필요했던 이유가 있었을 것이다. 실제로 이런 몹쓸 짓을 하는 학생들이 있었는데……,

15세기의 한 소년이 지은 다음의 시가 학생들 사이에 큰 인기를 얻었던 것도 놀라운 일이 아니다. 이 시는 학교에 지각한 학생이 선생님께 뻔뻔스러운 대답을 한다는 내용이다…….

선생님 표정은 꼭 미친 사람 같네

"학생 도대체 어디 갔다 왔죠?"
"엄마를 도와 오리 젖을 짜다 왔어요!"
당연히 내 마음은 슬플 수밖에

선생님이 철썩철썩 연거푸 내 등을 때리니
그 맛은 톡 쏘는 겨자 맛보다 더 얼얼했네
선생님은 내게 피가 날 때까지 그만두지 않았네
선생님 행동은 정말이지 유감이라네
선생님이 산토끼였으면 좋겠네
두꺼운 책들은 사냥개였으면 좋겠네
나, 사냥꾼이 되어 절대 용서치 않으리
산토끼가 죽든 말든 눈 깜짝하지 않으리

그런데 이 소년이 왜 지각을 했을까? 여러분이 궁금해할 것 같아 사실을 말하면, 여름에는 아침 5시에 시작하는 학교가 많았거든! 어때, 여러분이라면 정시에 등교할 수 있었을까?

학교 – 선생님들에게 나쁜 소식

- 학교 선생님들이 받는 봉급은 그다지 많지 않았다. 헌팅던의 배고픈 선생님 두 분은 1225년 나라에서 금지한 사냥을 몰래 하다가 체포되었다.
- 1381년 서퍽에서는 한 선생님이 '방종한 행동'을 했다는 이유로 체포되었다. 만약 그 선생님이 여러분 학교 선생님들과 조금이라도 비슷하다면, 그 '방종한 행동'이란 아마도 농담을 듣다가 큰 소리로 깔깔 웃었다는 뜻일 거다. 그러나 이런

일은 아주 드물었다. 선생님들은 보통 농담을 이해하시지 못하거든.
- 잉글랜드 옥스퍼드에서는 한 선생님이 선생님으로서 직분에 헌신하다가 충격적인 종말을 맞았다. 만약 그때 학생들이 일기를 썼다면 아마도 이렇지 않았을까……

일기장에게

오늘 우리에게 끔찍한 비극이 있었어. 우리 반 담임 선생님인 디킨 선생님이 우리 모두를 자작나무 회초리로 때리겠다고 하셨거든. 피터 드 비어라는 친구가 선생님 책상 위에 죽은 쥐를 올려놓았기 때문이야. 사실 그건 선생님한테 드리는 선물이었어. 피터는 정말 웃기는 녀석이거든. 디킨 선생님은 자작나무 회초리를 들고 1번 학생인 토머스 애벗부터 때리셨는데, 그때 자작나무 회초리가 갈라지기 시작했어. 그러자 디킨 선생님은 이렇게 말씀하셨지. "내가 자작나무 회초리를 더 많이 구해 올 테니 그 동안 너희는 성경 시편 34편을 일곱 필기판에 베껴 쓰고 있도록."

우리는 창가로 가서 선생님이 어떻게 하시나 지켜보았어. 선생님은 학교 마당을 내려가 강가로 향하고 있었어. 학교 마당에 늘어진 나뭇가지들은 모두 말라서 부러지기 쉬운 것들밖에 없었어. 여름 내내 비가 많이 오지 않았기 때문이지. 강가에 늘어진 나무로 만든 회초리는 정말 정신이 쏙 빠질 만큼 아프거든. 우리는 놀라서 입을 벌린 채 지켜보았어. 선생님은 나무를 타고

> 올라가 강 위에 늘어진 나뭇가지들을 베셨지. 우리는 선생님이 낭창낭창한 잔가지들을 몇 개나 베어내는지 세어 보았어. 열, 열하나, 열둘…… 왜, 13은 불길한 숫자라고들 하잖아. 선생님이 열세 개째 나뭇가지를 베고 계실 때였어. 그만 손을 놓치셨는지 강물 속으로 풍덩 떨어지셨어. 선생님의 무거운 외투가 강물에 흠뻑 젖어서 선생님을 아래로 끌어당겼어. 우리는 황급히 교실을 뛰쳐나가 마당을 지나 더 잘 보이는 강둑으로 달려갔지.
> 디킨 선생님이 우리에게 손짓을 하고 계셨어. 선생님 머리가 물 위로 올라올 때마다 손을 흔드셨어. 우리도 선생님한테 손을 흔들었지. 선생님 머리가 마지막으로 한 번 더 물속으로 들어가더라. 우리는 한 시간 동안 계속 지켜봤지만 선생님은 더 이상 올라오지 않으셨어. 그러자 피터 드 비어가 말했어. "선생님한테 문제가 생긴 것 같아. 도와드리러 가야 하는 거 아냐?" 난 이렇게 대답했지. "한 시간만 더 기다려 보자. 혹시 모르니까 말이야."

그 선생님은 죽었다. 그러나 선생님들이 마주쳐야 했던 나쁜 일이 죽음만은 아니었다. 훨씬 더 나쁜 일이 있었다! 귀중한 교사용 책을 훼손하는 짓이었다! 중세 시대의 한 선생님은 어느 학부모에게 편지를 썼다. 그 아들이 선생님한테 말도 안 하고 선생님의 책에 더러운 손자국을 묻히고 낙서를 끼적거렸다고 불평하는 편지였는데……, 선생님의 불평은 그것만이 아니었다.

> 겨울이 되어 날씨가 쌀쌀할 때는 아드님이 콧물을 흘립니다. 그리고 콧물이 책에 떨어져서 책을 더럽힐 때까지 닦을 생각도 하지 않습니다.

한 번쯤 하고 싶은 재미있는 놀이들

그래도 중세 시대 어린이들에게는 장난감이 있었다. 그러니까 장난감 마차가 딸린 인형 같은 것들 말이다. 장난감 마차들은 생쥐가 끌고 다니곤 했다. (크리스마스에 선물을 풀었는데 다 쓴 건전지가 들어 있다면 정말 짜증나겠지? 하물며 죽은 생쥐가 들어 있다면 어떨까? 끔찍할 거야.)

중세 시대 어린이들이 하던 놀이는 오늘날 어린이들도 하고 있는 것들이다. 시소타기, 그네타기, 한 발로 깡충깡충 뛰기, 숨바꼭질, 나처럼 해 봐라 같은 것들 말이다.

중세 시대 어린이들은 또 여러분이 그다지 좋아할 것 같지 않은 아주 거친 놀이들도 했다. 중세의 어린이들이 하던 '까막잡기'는 우리로 치면 '무궁화 꽃이 피었습니다' 같은 것이었다. 술래가 된 어린이는 모자가 붙은 외투의 앞뒤를 돌려 입고 모자로 얼굴을 가린다. 술래는 손을 등 뒤로 돌린 채 땅에 무릎을 꿇고 앉는다. 나머지 아이들은 뛰어서 술래 주위를 지나치면서 술래의 손을 세게 때린다. 모자를 쓰고 있는 술래는 누가 자기를 때렸는지 알아맞히고, 그렇게 술래가 알아맞힌 사람이 다시 술래가 되어 놀이를 계속한다.

그런데 어린이들뿐만 아니라 어른들도 즐기던 놀이가 몇 가

지 있었다. 예를 들면……,

래플

준비물 :
- 주사위 3개
- 연필이나 펜, 점수판

규칙 :

1. 참가자마다 차례로 돌아가면서 세 개의 주사위를 한꺼번에 굴린다. '더블'(1이 두 개, 5가 두 개 등등 똑같은 수가 나오는 것)이 나온 참가자는 1점을 얻는다. 그러나……,

2. 더블이 나온 사람이 두 명인 경우에는 높은 숫자로 더블이 나온 사람이 1점을 얻는다. (그러니까 4가 두 개 나온 사람이 2가 두 개 나온 사람을 이긴다는 얘기지.)

3. 가장 먼저 10점을 얻는 사람이 이긴다. 또 그러나……,

4. 혹시라도 세 개 모두 같은 숫자가 나온 사람이 있으면 무조건 그 사람이 승자다.

구주희

준비물:
- 볼링 핀 9개 (또는 젖병 크기만한 작은 페트병)
- 막대기 (또는 30센티미터 자)

규칙:

1. 볼링 핀을 세모 모양으로 놓는데, 꼭짓점이 던지는 사람 앞으로 놓이도록 한다. 첫 줄에는 볼링 핀 1개, 둘째 줄에는 2개, 셋째 줄에는 3개, 넷째 줄에는 4개를 놓는다. (아무리 머리가 나쁘다고 해도 요건 기억하겠지!) 볼링 핀 하나가 넘어지면 다른 것에 부딪치도록 꽤 촘촘하게 놓는 것이 중요하다.

2. 볼링 핀에서 2~3미터 떨어진 곳에 출발점을 정한다.

3. 참가자마다 볼링 핀을 향해 막대기를 두 번씩 던진다.

4. 두 번을 던져서 가장 많은 볼링 핀을 쓰러뜨린 사람이 이긴다.

참고: 볼링 핀들을 가로로 나란히 세워 놓는 방법도 있다.

또 참고: 1477년 잉글랜드 왕 에드워드 4세는 이 놀이를 금지하는 법을 통과시켰다. 아마도 그는 가난한 사람들이 즐겁게 노는 생각을 하면 참을 수 없었던 모양이다!

별로 하고 싶지 않을 섬뜩한 놀이들

중세 시대 사람들은 소름끼치는 놀이를 즐겼다. 그 가운데 지금까지 전해지는 놀이가 몇 가지 있는데 지난 700년 동안 거의 바뀐 것이 없다······.

캠프 볼

이 놀이는 축구와 비슷하다. 일단 공을 잡으면 몇 십 미터 또는 3킬로미터 떨어진 상대방 골문 안에 공을 넣어야 하는 거다. 그런데 각 팀에 몇 명, 이렇게 정해진 인원도 없었고 어떤 규칙 같은 것도 거의 없었다. 문제는 축구선수 유니폼은 아예 없었다는 것. 선수들은 평상복을 입고 뛰었다……. 게다가 칼까지 갖고서!

1280년 뉴캐슬어폰타인에서 헨리 드 엘링턴이라는 사람이 데이비드 르 큐에게 태클을 걸었다. 마침 데이비드는 허리춤에 칼을 차고 있었는데, 헨리는 그 칼에 찔려서 쓰러졌다. 데이비드는 결국 사람을 죽였지만 심판에게 레드카드를 받지는 않았다. 대신에 헨리의 셔츠만 아주 붉은 색으로 물들었다.

스툴 볼

우선 소젖 짜는 여자 한 명을 등받이가 없고 다리가 셋 달린 의자에 앉혀 놓았다. 치사하게 남자들이 여자를 볼링 핀 삼아 공을 던지면, 여자가 그 공을 피하는 놀이였다. 만약 여자가 공에 맞으면 남자들이 상을 타게 되었다. 그러나 이건 알아두어야 한다! 상으로 주어지는 것은 금메달이 아니었다는 것! 상은 케이크였거나 아니면…… 키스였거든!

얼음 창 싸움

아이스스케이팅은 많은 사람들이 즐기던 스포츠였다. 그러나 스케이트는 따로 없었고, 동물 뼈다귀를 발에 동여매고 얼음을 지치곤 했다. 그러니 스케이트 탈 때의 발놀림이 오늘날

스케이트를 타는 모양과 같을 수는 없었다.

그들은 스키를 타듯 장대로 얼음판을 밀면서 스케이트를 탔다. 이 천진난만한 스포츠가 위험해질 때도 있었다. 무지막지한 사람들은 말 탄 기사들이 창 시합을 벌이듯, 장대를 들고 서로를 향해 빠른 속도로 돌진해서 정면으로 부딪쳤다. 물론 장대가 부러지는 경우가 많았지만 뼈가 부러지는 경우는 더 많았다. 뿐만 아니라 얼음이 얇은 곳에서는 위험했다.

고고학자들은 어느 강바닥에서 한 여자의 뼈대를 발굴했는데, 뼈만 남은 그 여자의 발에는 뼈로 된 스케이트가 그대로 붙어 있었다. 그 여자한테 무슨 일이 있었는지 알아맞혀도 상품은 없지롱.

눈싸움

겨울철이 되면 어른이고 아이고 신나게 뛰어다니며 즐기는 이 인기 종목은 아마도 석기 시대부터 있었을 것이다. 그러나 중세 시대 사람들은 눈뭉치를 비겁하게 이용하기도 했다. 처형장으로 끌려가던 랭커스터의 토머스 백작에게 돌을 던지는 대신 쩨쩨하게 눈뭉치를 던졌던 것이다!

중세 시대 화들짝 괴담들

다음의 질문으로 부모님을 성가시게 하거나 선생님들을 괴롭혀 보자. 어쨌거나 여러분보다 주름이 많은 그분들은 여러분보다 중세 시대에 몇 년은 더 가까운 시기를 사셨으니 중세 시대에 관해서는 더 잘 알고 계실 것이다.

1. 누군가의 결혼식에 가 본 사람은 아마도 행운을 빌며 신부에게 색종이 조각을 뿌리는 걸 본 적이 있을 것이다. 그렇다면 중세 시대의 축하객들은 무얼 던졌을까?

a) 쌀알
b) 쌀 깡통
c) 톱밥

2. 대학교는 만만하지 않은 곳인 만큼 이런 규칙도 있었다고 하는데……,
  a) 여러분에게 어려운 문제를 냈다는 이유만으로 시험관에

게 칼을 들이대는 것을 금지한다.
b) 질문에 틀린 대답을 한 학생들은 하루 동안 식사를 걸러야 한다.
c) 건방진 학생은 '순종하겠습니다' 라는 문장을 1,000번 써야 한다.

3. 중세 시대에 어느 방앗간 주인이 자기 집을 수리하기 위해 길 한가운데에서 흙을 파 갔다. 그 다음에 무슨 일이 벌어졌을까?
a) 그는 체포되었고 15킬로미터 떨어진 바닷가에서 돌들을 가져다 그 구덩이를 메워야 했다.
b) 폭풍우가 친 뒤 구덩이에 물이 찼고 장갑 만드는 사람이 지나가다가 그 구덩이에 빠져 익사했다.
c) 마을 사람들이 그 흙을 도로 가져다가 길을 메웠고 방앗간 주인의 집은 무너졌다.

4. 중세 시대에 미신에 사로잡혀 있던 사람들은 머나먼 외국 땅에 괴물들이 산다고 믿었다. 그런 괴물 가운데 하나가 외다리 거인 스키아포드였다. 그렇다면 사람들은 스키아포드가 쉴 때 어떻게 햇빛을 가려 그늘을 만든다고 생각했을까?

a) 자기가 잡아먹은 사람들의 살가죽으로 만든 양산을 펼쳐 그늘을 만들었다.
b) 떡갈나무 한 그루를 파내 그 나무를 어깨에 걸쳐 나뭇가지들을 차양으로 이용했다.
c) 땅바닥에 누워서 외다리를 공중에 뻗고는 커다란 발바닥 그림자 속에서 쉬었다.

5. 프랑스의 아르마냐크 백작은 재산 소유의 문제로 아내와 말다툼을 벌였다. 그는 재산을 넘기겠다는 서류에 서명해 달라고 아내를 설득하기 위해서 어떤 방법을 썼을까?

a) 꽃을 가득 실은 마차 한 대와 스무 벌의 새 드레스, 맥주 통에 가득 담긴 향수를 선물했다.
b) 아내의 뼈를 몇 개 부러뜨리고는 가두어 버렸다.
c) 자기 목에 밧줄을 두르고 성 꼭대기에서 뛰어내리겠다고 협박했다.

6. 중세 시대의 많은 영주들은 '팬터'라고 불리던 사람을 고용했다. 그가 하는 일은 무엇이었을까?

a) 성 안 주방에서 식료품 재료들을 관리했다.

b) 숲 속을 팬티 차림으로 팔딱팔딱 뛰어다니며 사슴을 몰아 영주가 사냥하게 도왔다.

c) 재봉사의 작업장에서 바지를 만들었다.

7. 잉글랜드의 농민 반란은 와트 타일러라는 병사가 이끌었다. 그는 어쩌다가 '와트'란 이름을 얻게 되었을까?

a) 그의 부모님이 '와트'라는 이름으로 세례를 받게 했다.

b) 정식 이름인 월프레드 앤드류 타일러의 머릿글자가 W.A.T.여서 '와트'가 별명이 되었다.

c) 와트는 월터를 줄여 부르는 이름이다.

8. 세인트폴 학교의 소년들은 커다란 목욕통 안에 오줌을 누어야 했다. 왜일까?

a) 그것이 위생적이었으니까.

b) 가죽을 부드럽게 만들기 위해 오줌을 구하는 가죽업자들에게 팔 수 있었으니까.

c) 강가에 있는 화장실이 멀어 수업 시간에 늦곤 해서.

9. 중세 시대 수도사들은 어떤 방법으로 머리 한가운데를 체발(머리카락을 바싹 깎는 것)하고 반들반들하게 유지했을까?

a) 돌 쪼가리를 가지고 윤을 냈다.

b) 가느다란 밀랍초로 머리카락을 그을린 뒤 가죽 장갑으로 재를 털어냈다.

c) 족집게로 한 번에 한 가닥씩 머리카락을 뽑아냈다.

10. 딕 휘팅턴은 어떤 도시의 시장을 두 번 지낸 뒤 1423년에 죽었다. 어느 도시였을까?

a) 옛날 옛적 어느 마을(실제로 존재했던 인물이 아니므로)

b) 런던

c) 칼레

답:

1-c) 쌀은 영국이 아니라 아시아에서 자라는 작물이다. 만약 중세 시대 영국에 쌀이 들어왔다고 해도 그 당시에는 너무 비싸서 풍만한 신부에게 뿌리며 쌀을 낭비할 수는 없었을걸! ('풍만하다'는 말은 뚱뚱하다는 말이 아니라 중세 시대 여성의 덕목인 '순종적이다'는 의미로 쓰였다.)

2-a) 옥스퍼드의 학생들은 학비를 마련하려고 노상강도가 되었

다. 그러자 옥스퍼드 마을 사람들은 그에 맞서 학생들을 습격했다. 마을 사람들은 학생 몇 명을 죽이고 머릿가죽을 벗겨 버렸다!
c)와 같은 처벌은 1970년대에도 어린 학생들에게 흔히 사용되고 있었다. 그러나 적어도 이때쯤에는 머릿가죽을 벗기는 일은 중단되었다.

3-b) 그 방앗간 주인이 정말 엄청나게 많이 흙을 퍼갔던 모양이다. 장갑 만드는 사람은 말을 타고 가다가 그 웅덩이에 빠졌는데, 너무 깊어서 그는 물론이고 그의 말까지 익사했다!

4-c) 만약에 또 다른 스키아포드들이 다가와 옆에 누워 그의 휴식을 방해했다면 그는 이렇게 말했겠지? "그 발 치워!" (농담이다.)

5-b) 그 백작은 투석기에 돌멩이 대신 다른 사람의 눈알을 놓는 등 원하는 건 어떻게든 얻고야 마는 폭력배 같은 사람이었다.

6-a) 팬터는 세숫대야 시종(여러분이 세숫대야 시종이라면 식탁보나 냅킨을 빨아야 한다)과 꼬챙이 소년(꼬챙이처럼 빼빼 마른 소년이 아니라 꼬챙이에 고기를 꿰는 시종), 단지 소년(단지처럼 배가 불룩한 시종이 아니다)들과 함께 일했다.

7-c) 와트 타일러의 이름은 원래 월터 타일러였다. 만약 그가 윌리라는 애칭으로 불렸다면 어떻게 됐을까? 자기네 지도자 이름이 윌리라는 걸 알았다면 농민들은 그를 따르지 않았을지도 모른다.

8-b) 학교는 오줌을 팔아 학교 기금을 마련했다. 오늘날에도 많은 학교에서 기금을 모으기 위해 여러 가지 방법으로 돈을 마련한다.

9-a) 그들은 속돌이라는 돌멩이를 사용했다. 화산석의 일종인 속돌은 지금도 구할 수 있다. 요즘에는 목욕하면서 발바닥의 굳은 살을 부드럽게 만드는 데 속돌을 사용한다. (경고: 여러분 집 화장실에서 속돌을 발견해도 아빠 머리에 대고 시험하지는 말 것.)

10-c) 딕 휘팅턴은 실존 인물이었다. 딕과 고양이, 그리고 "돌아오라 휘팅턴, 너는 런던 시장을 세 번 지내리라"는 말을 한 종 이야기는 모르는 사람이 없을 만큼 유명한 전설이다. 그러나 그가 칼레의 시장을, 그것도 두 번이나 지냈다는 사실을 아는 사람은 많지 않다. 두 번이나 시장을 지냈다니, 고양이 열 마리 중 여덟 마리는(그리고 칼레 시민들도) 휘팅턴을 좋아했다는 얘기지!

좀먹은 종교

중세 시대 사람들은 미신에 젖어 있었다. 사람들은 초자연적인 것이면 무엇이든 믿었다. 하다못해 이런 것까지도…….

소름 끼치는 유물들

여러 수도원들은 종교적인 물품을 수집하고 있었다. 성스러운 것이 수도원에 있으면 방문객들이 찾아왔고, 그것이 기적을 행한다는 말도 종종 있었다. 이[치아]의 수호성인인 성녀 아폴로니아의 이 같은 유물은 치 떨리는 치통을 치료해 준다고 사람들은 믿었다. (그녀는 로마인들에게 화형당하기 전에 이가 뽑히는 고문을 당했다.)

성녀 아폴로니아의 이를 간직하고 있던 수도원이 수백 군데나 되었다. 정말 입이 커서 이가 그렇게 많았냐고? 아니, 수도사들의 설명에 따르면 그것 또한 기적이란다. 잉글랜드의 왕 헨리 6세는 그런 유물들을 엄청나게 많이 수집했다.

여러분도 이제부터 자기만의 성인 유물을 수집해 보는 게 어떨까? 다음에 손톱을 깎을 때에는 잘라낸 손톱 쪼가리들을 모아 두도록. 어느 좀스러운 수도사 집단이 바로 그렇게 하고는 그 손톱 쪼가리들이 성 에드문두스의 것이라고 말했거든. 한편 뼈는 아주 인기 있는 유물이었다. (어쩌면 여러분 동네에 정육점이 있다면 도움이 될지 모른다! 떠돌이 수도사들 중에는 돼지 뼈를 가지고 사람들을 속이는 이가 많았다.)

유럽 전역의 교회와 수도원에 보관되어 있는 '유물'들 가운데 열 가지만 뽑아 봤는데……,

- 성 유스타스의 두뇌 조각 (그 두뇌는 자신이 유골이 됐다는 걸 어떻게 생각할지 궁금하지 않아?)

- 아기 예수가 누웠던 구유에서 떼어낸 나뭇조각과 아기 예수의 몸을 싸고 있던 천.
- 성 라우렌티우스를 불에 구워 죽였던 숯덩이.
- 성 요한의 손수건(완벽하게도 성스러운 콧물까지 묻은).
- 성 스테파누스를 때려 죽였던 돌들 가운데 하나(당연히 피 얼룩이 묻어 있지).
- 예수가 승천할 때 딛고 서 있던 돌의 한 조각.
- 예수가 씹었던 빵의 한 조각.
- 세례 요한의 머리(프랑스 앙제 대성당과 아미엥 대성당 모두 하나씩 보관되어 있다.)

- 예수가 십자가형을 당할 때 머리에 썼던 가시관.
- 예수의 십자가에서 떼어낸 나뭇조각(이건 수천 개나 된다).

좋다, 사실 저 가운데 손수건 얘기는 지어낸 것이지만 다른 것들은 모두 진짜 있는 유물들이다! 아니면 그 유물이 가짜일 수도 있겠지만, 신자들은 그것들을 진지하게 받아들인다. 아주 아주 진지하게. 그래서 프랑스 콩크의 수도사들은 다른 수도원에서 성인의 시체를 슬쩍 훔치기도 했다니까!

신앙심이 깊었던 한 수도사는 어느 수도원에서 자기를 죽이고 그 시체를 끓여 뼈를 유골로 간직할 계획을 세우고 있다는 얘기를 듣고 공포에 질렸다. 그래서 그 수도원을 찾아가려던 생각을 바꾸었다.

기도한 만큼 복 받기

1303년 프랑스의 왕 필리프 4세는 이탈리아인 교황 보니파키우스 8세와 말다툼을 벌였다. 누가 누구한테 복종해야 하느냐, 교황이 세냐, 왕이 세냐 하는 문제 때문이었다. 필리프 4세는 86세의 늙은 보니파키우스를 로마에서 납치해 이 문제를 마무리짓기로 했다. 교황은 그 충격에서 헤어나지 못하고 죽었다.

다음 교황은 클레멘스라는 이름의 프랑스 사람이었다. 현명한 클레멘스는 프랑스에 머물러 있기로 결정했다. 어차피 그가 로마로 간다면 이탈리아인들이 복수에 나서 그를 납치할지도 모르니까 말이지. 게다가 클레멘스의 여자 친구 문제도 조금 얽혀 있었다. 그는 여자 친구와 프랑스에 남고 싶었다.

이렇게 프랑스로 이사하게 된 교황과 교황청은 권력을 이용해 돈을 벌기 시작했다. 혹시라도 여러분이 교황이 될 경우를 위해, 중세 시대에 돈을 벌 수 있었던 몇 가지 좀스런 방법을 소개해 주겠다.

종교적으로 돈 뜯어내기

1. 만약 여러분이 죄를 지었다 하더라도 (동전 하나를 슬쩍 했거나 여러분 앞에 있던 여자 아이 엉덩이를 꼬집는 등등) 교회에 가면 '죄 사함'을 받아 없던 일로 할 수 있다……, 돈만 내면.

2. 교회에서 중요한 사람이 되고 싶다면 (그러니까 추기경 같은 사람 말이다. 여러분은 추기경이 입는 빨간 망토가 여러분한테 어울린다고 생각하니까.) 그 자리를 얻을 수 있다……, 돈만 내면.

3. 교회가 성인의 발톱이나 천사의 날개 깃털 같은 뭔가 아주 성스러운 물건을 가지고 있다면 여러분은 그것을 살 수 있다……, 돈만 내면.

4. 만약 여러분이 동네 교회에 선물을 주면 (아마 돈을 주면 교회는 여러분이 죽은 후 기도해 줄 것이다.) 그것은 교황이 나누어 갖게 된다.

5. 교황은 그리스도교 성지를 점령하고 있는 이슬람 교도들과 싸우기 위한 십자군 원정 비용을 마련하기 위해 세금을 거둘 수 있다……. 여러분은 힘들게 돈을 내지만, 교황은 그 돈을 실제로 십자군 원정에 쓰지 않을지도 모른다.

6. 여러분이 죽은 후 두 곳에 동시에 묻히고 싶다면 (이를테면 리처드 2세처럼 심장은 이곳에 몸은 저곳에 하는 식으로) 허가를 받을 수 있다……, 돈만 내면.

7. 혹시라도 가까운 친척(죽은 남편의 동생 같은 사람)과 결혼하고 싶다면 허가를 받을 수 있다……, 돈만 내면.

8. 만약 여러분이 수녀인데 하녀를 두 명 두고 싶다면 (청소하는 하녀 한 명, 기도를 대신해 주는 하녀 한 명, 아마 이렇게 되겠지?) 허가를 받을 수 있다……, 돈만 내면.

9. 동방에서 온 비그리스도 교인들과 무역을 하고 싶다면 (어쨌거나 우리 모두 그들이 가져다 주는 맛난 양념들이 필요하잖아?) 허가를 받을 수 있다……, 돈만 내면.

어처구니없는 연극

유럽의 각 지역에서 기술자들은 자기들끼리의 장인 조합인 길드를 만들었다. 부활절 무렵이 되면 이런 길드들이 한데 모여 사람들에게 보이기 위한 연극을 준비했다. 이렇게 만들어진 연극이 성서의 이야기를 바탕으로 한 기적극이나 신비극이었다. 길드들은 저마다의 전문 분야에 맞게 연극을 공연했다.

처음에 연극은 교회 제단에서 공연되었다. 그러나 연극이 너무 인기를 끌자 교회 안은 냄새 나는 사람들로 복작거리게 되었다. 그래서 연극 공연 장소는 교회 마당으로 옮겨졌다. 그러자 사람들은 무대를 더 잘 보기 위해서 교회 묘지를 마구 짓밟기 시작했다. 결국 연극은 교회에서 쫓겨나 거리에서 공연되었다.

연극의 내용은 항상 종교적인 것이었다. 그러나 종교적인 내용이라고 해서 재미없는 건 아니었고, 끔찍하도록 위험한 장면이 없는 것도 아니었다! 당시에는 연극에 대해 '등급'을 매기는 심사위원이 없었다. 요즘은 어떤 영화에 18세 관람가라는 등급이 매겨졌다면 여러분은 무서운 장면이 많이 나오는 영화라고 짐작할 수 있을 것이다. 중세 시대 연극에 등급을 매긴다면 주로 18세 관람가였을 것이다. 웬만해서는 부모님과 같이 가도 눈 뜨고 보기 힘들었을걸! 중세 시대의 연극 무대에서 볼 수 있었던 끔찍한 장면들 가운데 진짜 연기했던 것은 무엇 무엇이었을까?

1. 세례 요한의 머리를 베는 장면.
2. 예수가 십자가에 매달린 장면.
3. 예수가 죽었다가 살아나서 하늘로 (또는 무대 지붕을 뚫고) 올라가는 장면.
4. 노아의 방주에서 호랑이가 햄스터들을 먹는 장면.
5. 동방박사들이 탄 당나귀가 무대 위에 똥을 싸는 장면.
6. 로마의 네로 황제가 자기 어머니의 배를 가르는 장면
7. 아담과 이브가 에덴동산에서 벌거벗고 등장하는 장면.
8. 유다가 나무에 목매다는 장면.

답:
1. 참. 마지막 순간에 배우를 인형으로 바꿔치기했다. 인형의 목을 베면 황소 피를 담은 주머니가 터지면서 관객들에게 피를 튀겼다.
2. 참. 손에 박는 못은 가짜였지만 그래도 배우는 무척 심한 고생을 해야 했을 것이다. 예수 역할을 맡은 배우는 길게는 세 시간 동안 십자가에 묶여 있었다……. 게다가 로마 군인 역을 맡은 배우들은 그의 몸에 내내 침을 뱉고 있었고 말이지! 예수 역은 지역 사제가 맡았다. 그리고 십자가에서 초죽음이 되었다!
3. 참. 단 위에 있는 배우를 끌어올리기 위해서 복잡한 추와 도르래들이 사용되었다.
4. 거짓. 그러나 노아의 방주 연극은 물통들을 가져다가 홍수를 만들고 돌이 우르릉거리는 커다란 북으로 천둥소리를 내는 등의 특수 효과 때문에 아주 인기가 많았다. 노아는 종종 술에 취해 있거나 거의 벌거벗은 모습으로 등장했다.
5. 참. '당나귀'는 사실은 배우들이 당나귀 가죽을 쓰고 연기했다. 이들은 꼬리 밑으로 퇴비 덩어리들을 밀어냈다!
6. 참. 물론 그것은 가짜 배였다. 칼이 가짜 피부를 가르면, 푸줏간에서 얻어온 돼지 창자 무더기가 무대 위로 쏟아져 내렸다.
7. 거짓. 아담은 자기 역을 연기할 수는 있었지만, 이브가 연기를 하려면 약간의 문제가 있었다. 배우들이 모두 남자였거든!
8. 참. 유다 역을 맡은 배우는 연극의 마지막에 가서 스스로 목을 매달았다……. 그런데 연기를 너무 실감나게 하는 바람에 하마터면 죽을 뻔했다!

1326년 런던 사람들은 교회에 등을 돌렸다. 교회가 세금을 거뒀기 때문이다. 사람들은 런던 주교를 붙잡아 목을 베어 죽였고, 주교의 시체를 벌거벗긴 후 길에 내버려 두었다. 이건 진짜였다. 연기가 아니었다고!

터무니없는 믿음들

중세 시대 사람들은 아주 먼 나라에는 정말 이상한 것들이 있을 거라고 믿었다. 그래서 이런 것도 믿었다지…….
- 구름까지 닿을 만큼 아주 키가 큰 숲.
- 머리에 뿔이 달리고 일곱 살이 되면 노인이 되는 종족.
- 머리가 개처럼 생겼고 발가락이 여섯 개인 사람들.
- 양털이 자라는 나무들.

- 외눈박이에 발도 하나뿐인 외발이지만 바람보다 빨리 달리는 키클롭스들.
- 눈이 보석으로 되어 있고 길이는 100미터가 되는 뱀들.

이상한 달걀

여러분의 여동생이 아프거나 친구가 역병에 걸려 온몸에 반점이 났다고? 무사히 나을 수 있는지 궁금하다고? 중세 시대 의사라면 암탉이 낳은 달걀 하나를 가져다가 한쪽에 i라는 글자를 쓸 것이다. 뭐 덤으로 p, q, x, s, y, s, 9, o 을 쓰기도 했다. 그 달걀을 밤새도록 집 밖에 두었다가 다음 날 아침에 껍질을 깨 본다. 만약 달걀 안에 피가 있다면 장의사를 불러야 한다는 뜻이다!

(물론 이것은 완전 말도 안 되는 소리다! 하지만 이런 의미가 담겨 있었다. 좀 있으면 의사가 "보세요! 그들은 죽을 운명입니다. 저를 탓하지 마시고 신을 탓하세요. 그리고 계산서는 여기 있습니다."라고 말한다는 뜻이다.)

수상한 수도사들

중세 시대 농민들은 사는 것이 지긋지긋하고 불행했다. 중세 시대가 계속되면서 도시가 성장하기 시작하자, 일부 농민들은 땅을 떠나 여러 도시로 이주하기도 했다. 그리고 흑사병이 유럽을 휩쓴 후 봉건 제도는 무너지기 시작했다. 농민들은 자유롭게 품을 팔았고 이사도 자유롭게 할 수 있었다.

도시에 이주한 농민들은 기술자나 상인이 되었다. 이들은 낡은 봉건 제도의 구속을 받지 않았기 때문에 땅에 묶인 신세가 아니었다. 이들 가운데 일부는 장사를 하면서 점점 부자가 되었다. 그러나 그렇지 못한 나머지 농민들이 땅에 매인 비참한 삶을 벗어날 수 있는 길은 오직 교회에 들어가는 것뿐이었다. 농민들 가운데에는 아들딸이 일곱 살이 되면 수도사나 수녀가 되라고 교회로 보내 버리는 사람들도 있었다.

수도원에 들어간 어린 소년들은 처음에는 수련 수사가 되었다. 그러니까 요즘 말로 하면 견습생 같은 건데, 어린 수련 수사들은 혼자서 수도원 밖으로 외출하지 못하게 되어 있었다. 어쨌든 수련 수사들의 생활은 아주 힘들고 고생스러웠다……. 오늘날 학교 다니는 것보다 더 힘들었으니까! 일부 꼬마 수도사들은 정말 비참하게 지냈던 것이 틀림없다.

엄마 보세요

부디 엄마한테 이 편지를 읽어 줄 사람이 우리 마을에 있기를. 한마디로 엄마, 저 집에 가고 싶어요. 여기서 지내는 건 너무 끔찍해요.

그리고 엄마가 만드신 토끼고기 파이가 얼마나 그리운지 몰라요.

하루 일과는 새벽 2시에 시작된답니다. 우선 새벽 기도부터 하지요. 그 끔찍한 종소리에 잠을 깨면, 나는 샌들을 신죠. 옷을 갈아입을 필요는 없어요. 우리는 입던 옷을 그대로 입고 자니까요. 허접하고 따가운 옷이에요. 기도를 올리기 전 캄캄한 새벽에 나는 베네딕트 형제님의 등에 쿵 부딪혔어요. 형제님은 지팡이로 나를 때렸죠. 불난 것처럼 화끈거리는 등으로 2시간 동안 기도하는 심정, 엄마는 모르시겠죠?

그 다음 4시에 침대로 돌아가 2시간 동안 잤어요. 물론 엎드린 채로요. 그러다 다시 6시가 되자 종소리를 듣고 아침 기도에 나갔어요. 베네딕트 형제님이 얼음장을 깨서 차갑디 차가운 물로 세수를 시켜 주었어요. 형제님은 그러면 정신이 번쩍 드니 다시 졸리지는 않을 거라고 말씀하셨죠. 뺨이 꽁꽁 얼어붙는 것 같았어요. 베네딕트 수도회에서는 하루에 적어도 여덟 번 기도한다는 사실, 엄마는 아셨나요? 나는 궁금해서 베네딕트 형제님에게 물어봤어요.

하느님도 주무셔야 하니, 사실 우리가 기도를 그만하기를 바라시지 않겠느냐 하고요. 또 지팡이로 맞았지요. 하느님이 아니라 베네딕트 형제님한테요.

우리는 아침 7시에 아침을 먹어요. 보통은 죽이 나오는데, 묽고 차갑고, 모래를 씹는 것 같은 맛이에요. 그런데 오늘 아침에는 에드워드 형제님이 내 발을 밟는 바람에 내가 소리를 질렀어요. 우리 수도원에서는 식사 시간에 소리를 내면 안 된다는 규칙이 있어요.

나는 또 맞았고 사흘 동안 빵과 물만 먹어야 하는 벌을 받았어요. 차라리 엄마의 토끼고기 다이가 낫겠어요.

8시가 되면 회의장에서 회의가 있어요. 하지만 염소 같은 할아버지 수도사들이 꿍꿍거리며 돈과 일 얘기를 해도 우리 수련 수사들은 한 마디도 알아듣지 못해요. 회의는 죽은 사람들을 위한 기도로 끝이 나죠. 그런데 엄마……,

나는 죽은 사람을 한 명도 알지 못하는데 누구를 위해 기도해야 하는지 모르겠어요. 때로는 내가 죽은 사람이었으면 하고 바란답니다. 어쨌든 천국이 여기보다는 훨씬 따뜻할 테니까요.

9시에 오전 기도가 끝나면 우리는 일을 해요. 내가 맡은 일은 필사실에서 쓰기 연습을 하는 거예요. 이먼 형제님이 우리에게 송아지 피지에 글을 쓰도록 시키죠. 송아지 피지는 송아지 뱃가죽으로 만든 거예요. 하느님은 왜 우리가 그런 일을 하는 걸 바라시는 걸까요? 정말 궁금해요. 이 편지도 송아지 뱃가죽에 쓴 거지만, 내가 송아지를 죽인 건 아니에요.

손이 너무 차가워서 이 거위 깃털 펜을 제대로 잡고 있을 수가 없어요. 얼룩을 만들었다가는 또 어떤 형제님한테 매를 맞아요.

　11시에 대 미사를 올리고 나면 밭으로 나가 일하는 시간이에요. 나는 소똥 퇴비를 파서 흙에 부어야 했어요. 내 뱃속에 음식이 조금이라도 있었다면, 그 냄새 때문에 토하고 싶었을 거예요.

　3시에 오후 기도를 하러 실내로 들어오면 거의 기뻐서 어쩔 줄 모르지요. 그 다음에는 6시에 저녁 기도가 있을 때까지 계속 성경을 읽어야 해요. 나는 앤서니 옆에 앉게 되었는데 그 애와 말다툼을 했어요. 그 애가 나를 세게 때렸지만 나는 별로 아프지 않았어요. 그냥 배가 고팠어요.

　7시에는 밤 기도를 올려요. 저녁 식사 때 다른 수사들이 허브가 들어간 콩을 먹는 동안 나는 빵과 물만 먹었어요. 날마다 콩과 허브, 콩과 허브. 가끔 나는 변화를 위해서 콩과 허브 대신 허브와 콩을 먹는다고 상상한답니다.

　8시가 되면 잠자리에 들 때까지 이렇게 글을 쓸 약간의 여유가 생겨요. 그 다음에는 새벽 2시부터 다시 하루가 반복되는 거예요. 엄마, 집에 가게 해 주세요. 앞으로는 엄마한테 잘 해드리고 말 잘 듣는 착한 아들이 될게요. 집까지 내내 걸어갈 거예요. 엄마가 수사님들한테 나를 받아 달라고 할 때 드렸던 선물만큼 제가 잘 할게요. 제발 집에 가게 해 주세요, 엄마. 엄마가 만든 토끼고기 파이가 정말 먹고 싶어요. 부탁이에요, 엄마.

사랑하는 아들
아서

장난꾸러기 수도사들

수도사들이 전부 성인이었을 리는 없을 것이다. 수도사들이 해서는 안 될 것들을 일러 주는 규칙들이 글로 남아 있기 때문이지. 그러니까 누군가는 분명 이렇게 끔찍한 짓들을 했다는 얘기다. 그렇지 않다면 규칙을 만들지도 않았을 테니까! 어떤 규칙을 보면 오히려 학교 교칙과 비슷한 점이 많다!

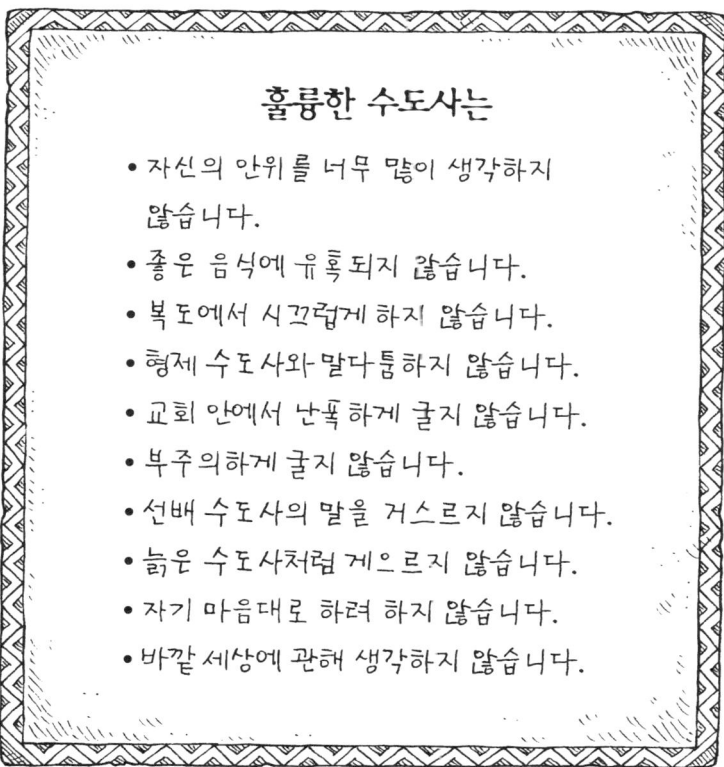

훌륭한 수도사는

- 자신의 안위를 너무 많이 생각하지 않습니다.
- 좋은 음식에 유혹되지 않습니다.
- 복도에서 시끄럽게 하지 않습니다.
- 형제 수도사와 말다툼하지 않습니다.
- 교회 안에서 난폭하게 굴지 않습니다.
- 부주의하게 굴지 않습니다.
- 선배 수도사의 말을 거스르지 않습니다.
- 늙은 수도사처럼 게으르지 않습니다.
- 자기 마음대로 하려 하지 않습니다.
- 바깥 세상에 관해 생각하지 않습니다.

수녀들의 규칙도 이것과 아주 비슷했다. 여러분이라면 수도원에서 살아남을 수 있었을까?

성 로쿠스

흑사병에 걸린 사람들은 살려 달라고 하면서 성 로쿠스의 영혼을 부르곤 했다. 젊은 시절 로쿠스는 흑사병에 걸리자 죽기 위해 어느 숲 속으로 들어갔다. 그런데 개 한 마리가 먹을 것을 가져다 주었고 그는 병이 나았다. 그러나 로쿠스가 도시로 돌아갔을 때, 사람들은 그를 스파이로 의심하고 감옥에 가두었고, 그는 감옥에서 죽었다. 그가 죽을 때 이상한 빛이 감방을 가득 채우자 그를 체포했던 사람들은 그것이 기적이라고 믿었다. 그 후 사람들은 흑사병에 걸렸을 때 로쿠스에게 기도하면 그가 병을 치료해 줄 거라고 믿었다. 그렇게 했지만 흑사병이 낫지 않은 사람도 있었다. 그것은 성 로쿠스의 잘못이 아니었다. 그것은 신이 그 사람을 너무 사악하다고 판단했기 때문이라는 것이다.

성 카를루스

프랑스 블루아의 샤를은 성인처럼 살았던 사람이었다. 그가 어땠는가 하면……,

- 한 번도 옷을 빨지 않아 몸에는 이가 득실거렸다. 신발 속에는 돌조각을 집어넣는가 하면 끈으로 몸을 꽁꽁 묶어서 항상 일부러 고통스럽게 지냈다.

- 아내가 자는 침대 옆에서 밀짚을 깔고 잤다.
- 눈이 내린 날씨에 맨발로 성지까지 순례를 떠났다. 그를 존경하는 사람들이 길에 담요를 끌어 주면 그는 다른 길로 갔고 발이 꽁꽁 얼어 피가 날 때까지 계속 걸었다.

그런데 블루아의 샤를은 못되고 잔인한 사람이기도 했다. 그가 어땠는가 하면……,

- 포로들의 목을 베어 커다란 투석기를 사용해 포로의 머리를 적의 도시 안으로 날려 보냈다.
- 캥페르라는 도시를 점령하고는 2,000명의 남자와 여자, 아이들을 학살했다.

잔인함은 성스러움과 함께 간다. 이것은 어두컴컴 중세 시대를 아주 잘 요약하는 말이다. 무슨 뜻인지는 곰곰이 생각해 보도록!

끝맺는 말

잉글랜드 왕 리처드 3세는 1485년 보즈워스 전투에서 죽음을 당했다. 사람들은 그의 시체를 벌거벗기고 이틀 동안 끌고 다니면서 구경거리로 만들었다. 중세 시대 사람들은 그런 섬뜩한 구경거리를 즐기곤 했었다.

그러나 상황은 변하고 있었다. 잉글랜드에서는 헨리 튜더가 새 시대의 문을 열었다. 투덜투덜 튜더 왕조가 시작된 것이다. 그때까지 잉글랜드는 노르만족의 침략을 받았고 정복 왕 윌리엄의 손녀와 외손자인 마틸다와 스티븐이 왕위를 놓고 내전을 벌였다. 또 귀족들은 앙주 왕가의 존 왕에 대항해 반란을 일으켰고, 그 다음에는 존 왕의 아들 헨리 3세와 귀족들이 또 한 차례 싸움을 벌였다. 그러고 난 후 잉글랜드는 프랑스와 백년 전쟁에 들어갔고 같은 시기에 끔찍한 흑사병이 돌아 만신창이가 되었다. 백년 전쟁이 끝나자마자 이번에는 장미 전쟁이 잉글랜드를 쑥대밭으로 만들었다!

마침내 헨리 튜더가 새 왕이 되면서 잉글랜드 백성들에게 멋진 새 선물을 안겨 주었다. 평화였다. 그리고 평화로웠던 그 몇 년 동안 사람들은 전보다 조금 더 삶을 즐길 수 있었다. 그들은 '문명화' 되었다. 이제 삶은 결코 예전처럼 궁상맞고 거칠고 위험한 (그리고 짧은) 것이 아니었다.

그렇기 때문에 일부 역사학자들은 보즈워스 전투에서 선을 긋고 이렇게 말한다. "이것이 중세 시대의 끝이다." 물론 그 어떤 것도 선을 긋듯이 쉽고 단순하게 끝나는 법은 없다. 그렇지만 세계의 다른 곳에서도 변화를 말해 주는 사건들이 벌어지고 있었다. 불과 몇 년 후인 1492년, 콜럼버스라는 한 사내가 아메리카를 발견했다. 이어서 헨리 튜더의 아들인 헨리 8세는 로마 가톨릭 교회와 교황과 인연을 끊어 버렸다.

시들시들 스튜어트 왕가의 제임스 1세가 1603년 잉글랜드의 오랜 앙숙인 스코틀랜드와 통일을 이룩하던 무렵에는 어두컴컴 중세 시대의 나날들은 한참 오래 전의 일처럼 느껴졌다.

그러나 볼테르라는 이름을 가진 한 영리한 프랑스인은 이렇게 말했다. "역사는 결코 반복하지 않는다……. 반복하는 건 항상 인간들이다."

사실 중세 시대의 잔인성, 어리석음, 미신들은 까마득한 악몽이 되었어야 옳다. 그러나 20세기에 들어와서도 사람들은 여전히 다른 사람들을 비참하게 만들 방법을 궁리하곤 한다. 힘 있는 사람, 돈 있는 사람, 권력 있는 사람들은 계속 약한 사람들을 괴롭힌다. 그건 오늘 신문만 펼쳐 봐도 알 것이다. 사람들이 그런 짓을 그만 두지 않는 한 우리는 진정 중세 시대를 벗어났다고 말할 수 없다. 우리는 아직도 중세 시대에 살고 있는 것이다.

어두컴컴 중세 시대

퀴퀴한 퀴즈

나도 이젠 어두컴컴 중세 시대 전문가가 되지 않았을까?
퀴즈로 알아본다!

중세 시대 뒤죽박죽 글들

 수상쩍은 한 수사가 중세 시대에 관한 여러 가지 사실들을 글로 기록했다. 그러나 그는 낱말들을 마구 뒤죽박죽 섞어 놓고, 게다가 원래 그 문장에 없어야 할 낱말을 문장마다 하나씩 끼워 넣었다! 여러분은 다음 괄호 안에 들어갈 낱말들을 순서에 맞게 차례로 놓을 수 있을까?

 (힌트: 필요 없는 단어는 마침표를 기준으로 문장 안에서 항상 똑같은 자리에 있다. 괄호 바깥의 조사는 경우에 따라 달라지기도 하고 단어와 함께 뺄 수 있다.)

1. (신부)는 (손님들)에게 (웨딩케이크)의 (톱밥)을 던졌다.

2. (칼)이 (선생님)으로 (학생)을 찌르는 것이 (월요일)에는 금지되었다.

3. 말 탄 (말)과 (구덩이)가 (길)에 (사람) 파인 (머리) 때문에 익사했다.

4. (양산)은 (하나)의 (발)을 (달팽이)의 (거인)으로 사용했다.

5. (뼈)는 (아르마냐크 백작)의 (배)와 (아내)를 차례로 부러뜨렸다.

6. (식료품 재료)는 (팬터)의 (부스러기)와 (성)을 관리했다.

7. (농민 반란군)인 (본명)의 (행운)과 (와트)는 월터 타일러였다.

8. (오줌)의 (학생들)은 (세인트폴 학교)의 (대머리) (선생님)을 큰 통에 모았다.

9. (수사들)은 (머리)로 (버릇)처럼 (돌)을 반들반들하게 다듬었다.

10. (시장)은 (칼레)의 (딕 휘팅턴)을 (런던)에 (두 번) 지냈다.

대책 없는 치료법들

14세기 사람들은 흑사병을 치료하는 방법은 알지 못했지만 별의별 이상한 것들을 생각해냈다. 다음 중에 그들이 실제로 시도해 보았던 흑사병 치료법은 무엇 무엇일까?

1. 꽃향기를 킁킁거리며 맡는다.
2. 도시의 고양이와 개들을 한 모두 죽인다.
3. 까치의 부리를 목에 건다.
4. 거리에 커다란 모닥불을 피워 나쁜 공기를 태운다.
5. 사악한 정신이 빠져 나가도록 사람 머리에 구멍을 뚫는다.
6. 우물물에는 독이 있을지 모르니 절대 마시지 않는다.
7. 등을 대고 자면 더러운 공기가 콧속으로 들어오게 되므로 엎드려 잔다.
8. 검은 고양이의 꼬리에서 짜낸 피를 크림에 섞어서 마신다.
9. 양파, 대파, 마늘을 먹는다.
10. 십 년 묵은 당밀과 금잔화 꽃, 가루 낸 달걀을 섞어 먹는다.
11. 다 나을 때까지 목욕과 면도를 하지 않고 옷도 갈아입지 않는다.
12. 공기가 신선한 시골로 몸을 피한다.
13. 공기를 깨끗이 하기 위해 향긋한 냄새가 나는 약초를 화덕에 던져 넣는다.
14. 흑사병의 나쁜 기운을 하수구의 더 나쁜 기운이 몰아내

도록 시궁창 속에 들어가 앉는다.

15. 으깬 에메랄드 가루를 삼킨다.
16. 비소 가루를 먹는다.
17. 몸에서 피를 빼낸다(별자리 점이 좋게 나올 때).
18. 흑사병에 걸려 아픈 겨드랑이에 살아 있는 닭 궁둥이의 털을 밀어 처맨다.
19. 몸 안의 악마를 쫓아내기 위해 채찍으로 자기 몸을 때리면서 이 도시 저 도시를 행진한다.

이상야릇한 단어들

잉글랜드에서 책이 인쇄되기 시작하자 사람들은 농민들의 처참한 처지에 관한 글들을 읽을 수 있게 되었다. 비록 농민들은 글을 읽지 못했을 테지만 말이다. 윌리엄 랭글런드는 '쟁기꾼 피어스'라는 한 비참한 농민과 그 아내에 관한 시 한 편을 썼다. 여러분은 그 시의 다음 부분이 얼마나 처참한지 이해할 수 있을까? 이 시의 몇몇 부분들은 부주의한 인쇄공 때문에 뒤죽박죽이 되었다. 하긴, 잉글랜드에서 영어로 인쇄된 책이 처음 나온 것이 1475년이었으니, 그 인쇄공은 제대로 훈련이 되어 있지 않았겠지. 그 시는 이런 식이었다.

농부

동풍이 부는데 얇은 천으로 만든 투외를(1) 입고

자모의(2) 숭숭 난 구멍으로는 머리락카(3) 비죽비죽

꼴사나운 두구는(4) 울퉁불퉁하고 못들이 두껍게 박혔고

터벅터벅 걸을 때마다 가발락들이(5) 고개를 내민다.

비참한 두 짝 장갑은 낡은 개깔로(6) 만들었고

장갑 손가락은 닳고 닳아 가때(7) 뭉쳐 있다.

그는 목발까지(8) 빠지는 진흙탕 속을 걸어갔다.

앞세운 네 마리 소황도(9) 말라빠져 비틀거리는데

비갈뼈를(10) 셀 수 있을 정도로 처참했다.

후다닥 문제

1. 1301년 잉글랜드 왕 에드워드 1세의 아들 에드워드는 왕세자로 선포되었다. 그러나 잉글랜드의 왕세자로 불리지는 않았다. 그럼 도대체 왕세자를 뭐라고 불렀을까?

(힌트 : 그렇다고 영국 왕세자는 아니다.)

2. 에드워드 1세는 잉글랜드에 법과 질서를 도입했다. 내친 김에 그는 나그네들을 약탈하는 한 유명한 도적을 처리했다는데, 전해지는 그 이야기는 어떤 내용일까? (힌트 : 길 위의 왕)

3. 1314년 스코틀랜드인들은 여전히 잉글랜드의 새로운 왕 에드워드 2세와 싸우고 있었다. 스코틀랜드 기사인 제임스 더 글러스는 교묘한 술책으로 록스버러 성을 점령했다. 어떤 술책을 썼을까? (힌트 : 꼭꼭 숨어라!)

4. 1337년 잉글랜드 왕 에드워드 3세는 프랑스를 침략해 자신을 프랑스 왕이라고 선포했다. 프랑스 사람들은 이를 받아들이지 않고 싸우면서 백년 전쟁이 시작되었다. 이 전쟁은 얼마나 오랫동안 계속되었을까? (힌트: 100년은 아니다!)

5. 1376년 에드워드 3세가 죽었고 이듬해에 열 살이던 리처드 2세가 이듬해 왕위에 올랐다. 그는 대관식이 열리는 웨스트민스터 사원에 걸어 들어갔지만 나올 때에는 실려 나왔다. 왜일까? (힌트 : 쿨쿨.)

6. 리처드 2세에 관한 흥미로운 소문이 많았는데 그 중 하나가 그는 날 때부터 이게 없었다는 것이었다. 이게 대체 뭘까?
(힌트 : 사람의 것만 아니라면 여러분은 이걸로 만든 소시지를 먹을 수도 있다.)

7. 1381년 리처드 2세의 정부는 모든 국민에게 4펜스씩 인기 없는 '인두세'를 부과했다. 타일러라는 성을 가진 사람이 이끄는 농민 반란이 일어났다. 그의 이름은 무엇이었을까?
(힌트 : 영어로 뭐가 뭐게?)

8. 14세기가 저물면서 리처드 2세의 치세도 막을 내렸다.
1399년 9월 그는 왕위를 헨리 4세에게 넘겨 주어야 했다. 만약 그가 그때 울음을 터뜨렸다면 그가 발명했던 이것은 요긴하게 쓰였을 것이다. 이게 뭘까?
(힌트 : 이게 뭔지 아는 사람 손들어!)

9. 새로운 15세기가 겨우 6일째를 맞았을 때 리처드 2세가 죽었다. 그는 새로운 왕 헨리 4세의 포로로 지냈다. 리처드는 어떻게 죽었을까? (힌트 : 그에게는 맞서 싸울 배짱이 없었다.)

10. 헨리 5세는 1413년 왕위에 올랐고 캐서린과 결혼했다. 230년이 지난 후 새뮤얼 페피스라는 작가가 캐서린 왕비에게 키스했다. 어떻게 된 일일까?
(힌트 : 용돈 받을 때에는 두 손을 얌전하게 내밀어라.)

11. 헨리 6세는 의회의 의장석에 앉았다. 그러나 그는 잉글랜드 왕으로서 전무후무하게 어떤 곳에도 앉았다. 그게 어디일까? (힌트 : 양심에 꿀리지 않으면 이걸 꿇을 일도 없겠지?)

〈답〉
중세 시대 뒤죽박죽 글들
1. 결혼식에 온 손님들은 신부에게 톱밥을 던졌다. (만약 여러분이 요즘 결혼식에 간다면 신부에게 행운을 빌며 색종이 조각을 던질 것이다. 중세 시대에는 손님들이 톱밥을 던졌다.)

2. 학생이 칼로 선생님을 찌르는 것이 허락되지 않았다. (시험관이 어려운 질문을 했다는 이유만으로 학생이 시험관을 칼로 찌르는 것은 금지된 일이었다!)

3. 말 탄 사람과 말이 길에 파인 구덩이에 빠져 익사했다. (한 방앗간 주인이 자기 집을 보수하기 위해 길 한가운데에서 흙을 퍼갔다. 폭풍우가 친 뒤 그 구덩이에는 물이 찼다. 장갑 만드는 사람이 말을 타고 가다가 그 웅덩이에 빠져 익사했다. 그의 말과 함께.)

4. 거인은 하나뿐인 발을 우산으로 사용했다. (미신을 믿던 사람들은 외다리거인인 '스키아포드' 같은 괴물이 있다고 생각했다. 스키아포드는 드러누운 채 다리를 공중에 뻗어 커다란 발로 그늘을 만들어 그 그늘에서 쉬었다.)

5. 아르마냐크 백작은 아내의 뼈를 차례로 부러뜨렸다. (그는 아내를 설득해 약간의 땅을 넘겨 준다는 문서에 서명하게 만들려고 했다. 그는 아내를 때리고는 지하 감방에 가두어 버렸다. 참 부드러운 설득 방법이지?)

6. 팬터(식료품 관리인)는 성의 식료품 재료를 관리했다. (팬터라는 직책은 그가 일하는 장소의 이름을 딴 것이다. 식료품 저장고를 '팬트리' 라고 하거든.)

7. 농민 반란군인 와트의 본명은 월터 타일러였다. (사실 그는 월리라고 불릴 수도 있었다.)

8. 세인트 폴 학교의 선생님들은 학생들의 오줌을 큰 통에 모았다. (이렇게 모은 오줌은 가죽을 부드럽게 하는 데 쓰이므로 가죽제조업자가 사 갔다. 그러니까 여러분의 구두가 딱딱하고 불편하게 느껴진다면 어떻게 해야 하는지 알겠지?)

9. 수사들은 돌로 머리를 반들반들하게 다듬었다. (그것은 '속돌' 이라는 돌멩이였다. 수도사들은 머리 가운데를 대머리처럼 밀어야 했다. 만약 중세 시대에 사포가 발명되었다면 수사들은 사포로 머리를 밀지 않았을까.)

10. 딕 휘팅턴은 칼레 시장을 두 번 지냈다. (딕 휘팅턴은 실존 인물이었다. 딕과 그의 고양이, 그리고 "돌아오라 휘팅턴, 너는 런던 시장을 세 번 지내리라."고 말하는 종에 얽힌 이야기는 너무나 유명하다. 그러나 그가 칼레의 시장이기도 했다는 사실을 아는 사람은 많

지 않다. 그것도 두 번씩이나 했는걸!)

대책 없는 치료법들
1~19. 3번(치통 치료법), 5번(두통 치료법), 8번(기침 치료법)을 빼고 전부 답이다.

이상야릇한 단어들
1) 외투를 2) 후드의 3) 머리카락 4) 구두는 5) 발가락들이 6) 깔개로 7) 때가 8) 발목까지 9) 황소도 10) 갈비뼈를

후다닥 문제
1. 웨일스 공. 웨일스 공은 그후 대대로 영국 왕실에서 첫째 아들에게 주어지는 칭호가 되었다. 그러니까 웨일스 공은 영국 왕세자를 뜻한다.

2. 에드워드는 그 도적과 싸우기 위해 말을 타고 나갔다. 그는 도적을 때려서 붙잡았고 길을 안전하게 만들었다. (그렇지만 이 이야기는 아마 사실이 아닐 것이다.)

3. 그의 병사들이 직접 성으로 위장했다! 그들은 가죽을 뒤집어쓰고서 얼마나 빽빽하게 서로 붙어 있었는지 파수병들이 깜짝 놀랐다고.

4. 116년.

5. 리처드는 흥분해서 대관식에서 너무 긴장한 것이다. 게다가 무겁기만 한 왕관과 왕의 예복이 그를 짓눌렀으니까.

6. 답은 피부! 그는 생명의 위험을 피하기 위해 염소 피부, 아니 가죽으로 꽁꽁 몸을 싸고 다녔다고 한다! 정말 괴이하군.

7. 와트.

8. 손수건.

9. '굶어 죽었다'고 말하는 사람들도 있다. 한편으로는 왕의 명령으로 굶겨 죽였다는 말도 있다.

10. 캐서린 왕비가 죽은 후 시체는 미라로 만들어져 헨리 5세의 관 옆에 전시되었다. 사람들은 2펜스를 내면 캐서린 왕비의 미라를 구경할 수 있었고, 그 미라는 그곳에 거의 300년 동안 있었다. 새뮤얼 페피스는 미라에게 키스했다. 섬뜩하지!

11. 헨리는 엄마의 무릎에 앉았다. 왕위를 물려받았을 때 그의 나이 겨우 8개월이었다. 어떤 날에는 그가 빽빽 울며 바동거렸기 때문에 의회 방문 일정이 취소된 적도 있었다고.

앗, 시리즈 (전 70권)

수많은 교사와 학생들이 한눈에 반한 책.

전 세계 2천만 독자의 인기를 독차지한 〈앗, 시리즈〉는 수학에서부터 과학, 사회, 역사까지, 공부와 재미를 둘 다 잡은 똑똑한 학습교양서입니다.

수학
- 01 수학이 모두 모여 수군수군
- 02 수학이 수리수리 마술이
- 03 수학이 수군수군
- 04 수학이 또 수군수군
- 05 수학이 자꾸 수군수군 1. 셈
- 06 수학이 자꾸 수군수군 2. 분수
- 07 수학이 자꾸 수군수군 3. 확률
- 08 수학이 자꾸 수군수군 4. 측정
- 09 대수와 방정맞은 방정식
- 10 도형이 도리도리
- 11 섬뜩섬뜩 삼각법
- 12 이상야릇 수의 세계
- 13 수학 공식이 꼬물꼬물
- 14 수학이 꿈틀꿈틀

과학
- 15 물리가 물렁물렁
- 16 화학이 화끈화끈
- 17 우주가 우왕좌왕
- 18 구석구석 인체 탐험
- 19 식물이 시끌시끌
- 20 벌레가 벌렁벌렁
- 21 동물이 뒹굴뒹굴
- 22 화산이 왈칵왈칵
- 23 소리가 슥삭슥삭
- 24 진화가 진짜진짜
- 25 꼬르륵 뱃속여행
- 26 두뇌가 뒤죽박죽
- 27 번들번들 빛나리
- 28 전기가 찌릿찌릿
- 29 과학자는 괴로워?
- 30 공룡이 용용 죽겠지
- 31 질병이 지끈지끈
- 32 지진이 우르콰콰
- 33 오싹오싹 무서운 독
- 34 에너지가 불끈불끈
- 35 태양계가 티격태격
- 36 튼튼탄탄 내 몸 관리
- 37 똑딱똑딱 시간 여행
- 38 미생물이 미끌미끌
- 39 의학이 으악으악
- 40 노발대발 야생동물
- 41 뜨끈뜨끈 지구 온난화
- 42 생각번뜩 아인슈타인
- 43 과학 천재 아이작 뉴턴
- 44 소름 돋는 과학 퀴즈

사회 · 역사
- 45 바다가 바글바글
- 46 강물이 꾸물꾸물
- 47 폭풍이 푸하푸하
- 48 사막이 바싹바싹
- 49 높은 산이 아찔아찔
- 50 호수가 넘실넘실
- 51 오들오들 남극북극
- 52 우글우글 열대우림
- 53 올록볼록 올림픽
- 54 와글와글 월드컵
- 55 파고 파헤치는 고고학
- 56 이왕이면 이집트
- 57 그럴싸한 그리스
- 58 모든 길은 로마로
- 59 아슬아슬 아스텍
- 60 잉카가 이크이크
- 61 들썩들썩 석기 시대
- 62 어두컴컴 중세 시대
- 63 쿵쿵쾅쾅 제1차 세계 대전
- 64 쾅쾅탕탕 제2차 세계 대전
- 65 야심만만 알렉산더
- 66 위풍당당 엘리자베스 1세
- 67 위엄가득 빅토리아 여왕
- 68 비밀의 왕 투탕카멘
- 69 최강 여왕 클레오파트라
- 70 만능 천재 레오나르도 다 빈치

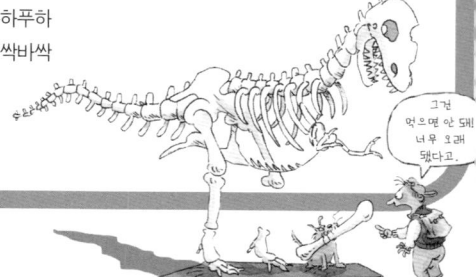